Alfred Adler

アドラーに学ぶⅡ

愛と結婚の諸相

Learning from Adler Ⅱ

Various Aspects of Love and Marriage

岸見一郎

Ichiro Kishimi

アルテ

はじめに

若い人たちに心理学の講義をしています。講義後、質問を紙に書いてもらい、次回の講義は、最初に質問に答えることから始まります。その答えを聞いた学生が、さらに口頭で質問をします。

質問の内容は多岐にわたりますが、恋愛をめぐる質問が圧倒的に多いのは、若い学生にとって恋愛は最大の関心事だからでしょう。学生は毎年変わりますが、同じようなことでつまずく人が多く、去年も同じ話をしたという既視感を持つことがあります。

本書では、恋愛や結婚において、どんなところでなぜつまずくのかを明らかにし、さらに、どのように関係を築いていけばいいかを具体的に明らかにしたいと思います。

その際、もっぱらアルフレッド・アドラーの創始した心理学である個人心理学（日本では、創始者の名前をとってアドラー心理学と呼ぶのが一般的です）にもとづいて、恋愛と結婚について考えてみますが、時代を一世紀先駆けしているといわれるアドラーの思想も時代と社会の制約がないわけではなく、今日の視点からは、さすがに古いと思える点もあります。それでも、恋愛も含む対人関係について論じるアドラーの炯眼は、なお他の追随を許しません。

アドラーはこんなことをいっています。

「愛と結婚に対する準備を教えてくれる本はどこにあるのだろう。たしかに愛と結婚を扱う本は数多くある。どの文学も恋愛物語を扱っている。しかし、幸福な結婚を扱っている本に出会うことはほとんどない」（『個人心理学講義』）

本を読むと、あるいは、映画やテレビドラマを見ると、たしかに「困難な状況にいる男性と女性の叙述」（前掲書）ばかりといっていいくらいです。幸福な二人の話では売れず、映画では多くの観客を動員できず、テレビでは高視聴率のドラマにならないのかもしれません。

それよりも問題なのは、不幸な二人を扱う本を読んだりドラマを見た人が、愛や結婚について臆病になってしまうことがありうるということです。アドラーのいい方では愛や結婚という課題を前にして「ためらう」ようになることがあるということです。

正確にいえば、「不幸なラブストーリー」（『人はなぜ神経症になるのか』）が多くあるので、愛や結婚をためらうようになるのではありません。親や身のまわりの不幸な結婚生活や、愛や結婚を不幸なものとして描く本などから、愛と結婚の課題は困難なものであり、それに直面することができないと思うようになった人が、愛と結婚の課題を避けることを正当化してくれる情報を収集するというのが本当です。幸福なラブストーリーであってはいけないのです。

「不幸なラブストーリーが数多くあるのは、おそらく読者がそれを利用するために求めるからでしょう」（前掲書）

もちろん、ハッピーエンドの本や映画、ドラマも好まれるというのも本当ですが、あまりに現実とかけ離れたシンデレラ・ストーリーは、不幸なラブストーリーと同じ効果を持っています。現実の生活で会う人をそこに描かれている理想の男女と比べることで、恋愛や結婚の対象にはしないようになるからです。

私は、本書で、愛と結婚は相手さえいればいいというような安直なものではないけれども、出会いさえあればいつも必ずうまくいくわけではないということ、時に苦しいものになることはあっても、二人の関係をよくする努力は必ず報われるということを明らかにしたいと思います。ただ漠然と相手を愛するというのでは二人の関係はよくなりません。どんなふうに二人の関係を育んでいけばいいのかを知っていなければなりません。その方法を知れば、愛の経験は、必ず人生を生きるに値する豊かなものにすることができます。

ところで、恋愛は若い人だけの特権ではありません。長く付き合い、一緒に暮らしてきた人も、恋愛を過去の一回きりのエピソードにしてはいけないと思うのです。若い人だけではなく、あらゆる年代の人にとっても、今二人の間に何か問題があれば、それを早く解決するために、またたとえ目下大きな問題がなくても、二人の関係をよりよいものにするために本書が役立つことを祈ってやみません。

目　次

アドラーに学ぶⅡ

——愛と結婚の諸相

第一章　恋愛とは何か

恋愛は対人関係の極致

人の悩みはすべて対人関係だといっていいくらいですが、恋愛関係は他のどの対人関係よりも難しいのです。こんなにつらいのなら、もう恋なんかしないという意味の歌を古内東子が歌っています。共感する人も多いと思います。しかし、だからといって、もう恋をしないといい切れる人は、失恋直後でなければ少ないのではないでしょうか。

愛や結婚において出会う諸問題は、基本的には全般的な対人関係と同じ性格のものであり、そこで起こる困難は、他の対人関係におけるものと基本的には同じものです。それにもかかわらず、愛や結婚における困難が、なぜ他の対人関係よりも大きいのか、どうすればその困難を克服できるかを考えてみましょう。

一人でする仕事もたしかにありますが、仕事の全過程を通じて、誰とも関わらずにすむ仕事はないでしょう。その意味で、対人関係がまったくない仕事はありません。ただし、この対人関係は仕事上でのものですから、長くは続かず、深いものでもありません。職場を後にすれば、職場での対人関係は、いわばそこでリセットされ、次の日にまた新しく対人関係が始まるといっていいくらいです。実際には、こんなふうに割り切れない人や状況も多いでしょうが、職場を離れたら、職場での対人関係をプライベートな生活にまで引きずる必要はまったくありません。

仕事上での、あるいは学校での対人関係がきっかけとなって、親しくなる友人ができることはあります。学生にとっては学校で勉強することが「仕事」に相当しますが、朝、学校に行って、帰るまで、誰とも口を利かないということはないでしょう。何かのことをきっかけに言葉を交わす人ができ、その関係は学校や職場を後にした時も続きます。この関係は、もはや仕事の関係ではなく、交友関係です。

本書でこれから考えていく愛や結婚における対人関係は、基本的には、この交友関係が基礎にあります。そのことの意味は後に明らかにしますが、愛も結婚も、交友関係を上手に築けない人には難しいものになります。

恋愛、結婚関係は、仕事上の対人関係や友人との関係よりも、持続的で深いものです。二人の心理的な距離が、他の関係よりも近いということもできます。関係が一時的なものではなく持続し、深くなるにつれて、仕事、交友、愛の順で難易度は上がることになります。

なお、今言及しなかった親子関係は、交友関係よりは愛の関係に近いといえます。その関係は、生まれた時から始まるわけですから、愛の関係よりも長く、深さも交友の関係よりも深いものです。ですから、アドラー心理学においては、人が避けることができない人生の課題を、「仕事」「交友」「愛」の課題の三つの種類に区別するのですが、親子関係は、そのうち、愛の課題に含まれます。

恋愛は二人の課題

なぜ恋愛と結婚が他の対人関係よりも困難なものであるかといえば、二人の課題だからです。私たちは、一人でなしとげることができる課題か、あるいは、多人数でなしとげる仕事に対しては、教育を受けていますが、二人で行う課題に対しては、ほとんど教育を受けていないのです。恋愛や結婚については、ことさらに学校で教えられる必要はないと考えている人も多いかもしれません。

私が教えている大学で、新入生対象に恋愛と結婚をめぐる講演があったと学生から聞きました。私自身は、大学生の時にそのような講演を聞いたことはありません。もしも聞く機会があったとしても、恋愛はどこまでもプライベートなものであり、学校で学ぶようなものではないだろう、と違和感を持ったかもしれません。

恋愛がプライベートなものであるというのは本当かもしれませんが、誰にも教わる必要のないものので、二人が自分たちがよしとするような方法で付き合っていけばうまくいくかというとそうではないでしょう。

一人でなしとげる課題であれば容易であるというわけではありません。まわりの人に依存することを慣わしにしてきた子どもは、算数や数学が得意ではない、とアドラーはしばしば指摘します。問題を解く間は誰も手助けすることはできないからです。

二人でする仕事の場合、一人でする方が早いと思う人もあるくらいで、二人ではかえって問題が起こることがありますが、二人が互いに相手に関心を持ち、協力すれば、その問題は解決し、課題それ自体も容易に達成することができます。ところが、この協力ということがまた問題で、多くの人は競争はしても、協力するということを学んでいないのです。

愛や結婚という「近い関係」を初めて経験するのです（『人生の意味の心理学』）。しかも、その関係は何よりも二人が協力することが必要です。この課題に準備ができていないのであれば、この課題に対処できるよう、二人の課題における誤りを回避する方法を学ばなければなりません。

相手さえいればいいのか

フロムは、相手さえいれば恋愛は成就すると考えるのは間違いだといっています（エーリッヒ・フロム『愛するということ』）。ところが、多くの人は、愛することは簡単だが、愛するにふさわしい相手を見つけることは難しいと考えています。相手さえいれば、恋愛は成就するといわんばかりです。

しかし、フロムは「愛することは能力である」といっているのです。何度恋愛をしても、うまくいかない人がいます。結婚と離婚を何度も繰り返す人がいます。そのような人は、当然、愛する相手がいないわけではありません。それにもかかわらず、恋愛につまずくとすれば、その人の「愛し方」に改善の余地があると見ることができます。おそらくは、相手が変わっても同じことをしているのです。

アドラーも「愛はある心理学者たちが考えているように純粋に自然的な機能ではない」といっています（『人生の意味の心理学』）。愛と結婚の問題は、どのように衝動（アドラーは、この言葉で「性衝動」を念頭に置いています）を満たすかということ以上のものです。衝動はそのまま満たされたらいいというようなものではなく、社会的な必要に従って（それがどういうことなのかはやがて見ていくことになります）、人はそれを抑えてきたのです。この場合も、愛は自然的な傾向ではないので、それをどうするかについて学ばなければなりません。

ただ衝動を満たせばいいというのであれば、愛はたやすいことかもしれませんが、あくまでも愛は対人関係の中でのことですから、その中にあってどのように人を愛せばいいのかを考える必要があります。

どのように人を愛するか、愛し方は、愛する技術といってもいいわけですが、フロムが「能力」

という言葉を使っていることからわかるように、決して小手先の技術ではありません。若い人で、マニュアルがなければ恋愛ができない人がいるという話を聞いたことがありますが、そのようなマニュアルに書いてあるようなことをそのまま実行しようとしても、うまくはいかないでしょう。形から入ることも必要ですが、技術的なことの基礎にある根本的なことを理解していなければ、マニュアルに書いてないことが起こった時、たちまちパニックになってしまいます。

ちょうど育児書を片手に子育てをしている親が、子どもが少しも自分の思うようにならず、イライラしたり、怒りを子どもにぶつけるようなことが起こります。親はたしかに子どもを愛していますが、それだけでは子育てはできません。子育ての技術を知らなければ、親が子どもをどれだけ愛していても、子どもとよい関係を築くことはできません。技術のない愛は無力です。反対に、愛のない技術は危険です。技術だけでは容易に子どもを操作することになるからです。

ある人が愛する能力を持っているという時、その意味は、ただ相手がいて、その人を愛せばいいということではありません。また、愛する人に、マニュアルに書いてあるテクニックを駆使して接するというような意味でもありません。

愛する能力というのは、もっと、根本的なことであって、個々の場面でこうすればいいというような知識の集大成のようなものではありません。さりとて、愛する「能力」といってしまうと、学ぶことができないような印象を与えるかもしれません。しかし、子育てを学べるのと同じように、恋愛もその方法を学ぶことはできます。

親子関係は、たとえ親の方に問題があっても、子どもは親から離れていくことはできません。ですから、親の子どもへの影響は大きなものにならないわけにはいきません。

恋愛の場合は、この人とはうまくやっていけないと思えば、別れることは可能ですから、被害は親子関係ほどは大きなものにはなりませんが、その場合でも、実際には、二人が別れることは容易ではないことは多いでしょう。最初は、いつでも別れられるように、と蝶々結びをしておいたはずなのに、いつのまにか結び目は複雑なものになり、結び目を切るには鋏かナイフが必要になってしまいます。こうなると、双方が、何らかの痛みを経験することなしに別れることはできなくなります。

このようなことがいつも起こるわけではありませんが、愛の関係は、「結ぶ」ことなしには進展しません。しかし、結ぶということは、関係が近くなるということであると同時に、近いがゆえにいったん関係がこじれると、その結び目を断つことはきわめて困難になります。その断つ時に経験した苦しみのために、こんなにつらいのなら、もう恋なんかしないと思ってしまうのです。

問題は別のところに

愛の関係がうまくいかなくなるのは、この関係においては二人が他のどの関係よりも親密になるからです。たとえ、恋愛は出会いさえあればできるものだと思っている人でも、この関係が実際にはそんなに簡単なものではないということは、付き合いが始まればすぐにわかります。

恋愛の相手がいないという人、また、相手に好きな人がいなかったらよかったのに、とか、もっと早く会っていればよかったのに、と思う人は、このように考えることが、恋愛がうまくいかなかった時にそのことの正当な理由にしようとしていることに気づいていません。綱渡りをする人が転落することを怖れて、下に綱を張っておくようなことをするのです（『人はなぜ神経症になるのか』）。たしかに恋愛は、ある意味で綱渡りのような危うさがあるでしょう。それどころか、自分が好きになった人に既に好きな人がいるとか、付き合いを始めてから相手の気持ちが変わることを怖れて、愛の関係に入ろうとはしないこともあります。

しかし、誰も計算してから人のことを好きになるわけではありませんから、初めから、ライバルがいるということはありえます。それでも、ライバルの現実的な、あるいは可能的な存在は、恋愛を諦めることの理由にはならないでしょう。

自信がない人は、たとえ、相手が見つかっても、恋愛がうまくいかないことの理由がもっぱら自分の方にあっても、そのことを認めたくはないので、愛せないことを自他共に認めることができるような人を恋愛の対象に選ぶかもしれません。そうすれば、恋愛がうまくいかなくなった時、そのことの責任を相手に転嫁できるわけです。

そこで、恋愛の成就が困難な人を好きになってしまいます。もちろん、これは意識してのことではありません。私は誰かを「好き」という気持ちは、どんな場合も真剣なものだと思いますが、恋愛の成就を阻むのは、彼や彼女の側の事情にあって、自分にはないと思えるために、難しい相手を好きになることはあります。もしも、彼や彼女が「普通の人」であったらうまくいったのに、といえるわけです。

たとえ難しい相手を選ぶのでなくても、同時に二人の人と恋に落ちる人も、そのことを愛が成就することが困難であることの理由にしたいと思っているといえます。アドラーは「二人を愛そうとすることは、事実上、どちらも愛していないことである」といっています（『人生の意味の心理学』）。おそらく、二人のうちのどちらを取るかで悩むでしょう。この悩むということには目的があります。どちらかに決めないためです。なぜなら、もしも悩むことをやめれば、どちらかを選ばなければならないからです。選ぶことを先延ばしにするための理由として、悩むことが必要なのです。

また、「ロマンチックで理想的な、あるいは、手に入れられない愛」を創り出す人もいます（前掲書）。このような人は現実に自分が愛する人に近づかなくても、楽しむことができます。このような理想の愛に酔いしれる人にも目的があります。現実的な「候補者を排除する」ことです（前掲書）。現実の生きた恋人は決して理想には届かないと思うことで、恋愛を回避しようとするわけです。

恋愛に「なぜ」はない

なぜ、この人が好きになったのかという問いにはあまり意味がありません。理由はないといっていいくらいです。強いていえば、この人を好きになろうという「決心」が、好きになったことの理由です。もっとも、好きになろうと決心したわけですから、好きに〈なる〉というのは、表現としては適当ではないともいえます。

しばらく会わなかった間に、相手から「別れてほしい」といわれたが、なぜかという質問を受けたことがありました。このことには「なぜ」はないかもしれません。いつも会っていたのに、何か気持ちの上での行き違いがあったとか、喧嘩をしたというのであれば、そのことが理由だといえるかもしれませんが、なにしろ会ってなかったのですから、これという理由はないからです。

しかし、喧嘩をしたというようなことがあったとしても、それが彼が別れたいと思うようになったことの理由ではありません。そのようなことが「きっかけ」になるかもしれませんが、何があったにせよ、なかったにせよ、あったのは、彼の方の「決心」、つまり、この人とはもう付き合わないでおこうという決心です。

そのような決心を後押ししたり、あるいは、自分の心変わりを説明するために必要な理由は必ずなければならないものではありません。しかし、理由がなければ、ただ相手に「別れてほしい」といっても、多くの場合、相手が別れてほしいという申し出を認めてくれるはずはありません。

そこで、かつて相手に引かれたのと同じことが、今や別れるための理由になりえます。例えば、（これは多くは、女性が男性についていうことでしょうが）、優しい人だと思っていたら、優柔不断な人に、自分をリードしてくれる頼もしい人だと思っていたら、今や支配的な人に思えるようになるというようなことです。また、几帳面できちんとしているところが好きだと思っていた人が、細かいことにこだわるうるさい人に見えるようになるのです。彼や彼女が変わったわけではありません。相手をそういうふうに見ようと思ったら、そのように見えてくるのであり、そうすれば、どんなことでも別れることの理由にすることができます。

人を愛する方も同様に理由はありません。あるかもしれませんが、これだという理由を一つあげるというようなことはできないでしょう。理由があってもなくても、人は人を好きになるのであり、理由を強いていうならば、「あなたがあなただから」としかいえません。

外面的なことや学歴、社会的な地位などのようなことをあげる人があるかもしれません。アドラーは、愛と結婚について「身体的に引きつけられること」をあげています（『人生の意味の心理学』）。しかし、これらの理由がなくても、そのことは人を愛することの妨げにはならないはずです。若い人には想像もできないことかもしれませんが、若い時、どれほどイケメンであったり、美人であっても、容色は必ず加齢と共に衰えていきます。

また、たとえ一流といわれる企業に勤めていても、辞めたくなることはあるでしょうし、自分では続けたくても、会社そのものが倒産することはありえます。若くても病気になって、身体が動かせなくなって寝たきりになるかもしれません。そんなことが起こっても、愛せるとしたら、愛するという決心があるからに他なりません。逆に、もう愛さないという決心をすれば、どんなこともその決心を翻す理由にはなりません。

他者に開かれる私

恋愛に「なぜ」はないと書いたばかりですが、誰かに引かれるのは、人間が対人関係の中に生きているからです。人間という言葉が「人の間」と書くように、人は一人では人間になることはできません。このことは次のように説明することができます（八木誠一『ほんとうの生き方を求めて――共存のフロント構造』）。

人は他の人と「フロント」（面）で接しているのですが、その他の人に開かれる面は実線ではなく破線になっています。ですから、このフロントは、他の人のフロントと接することによって塞がれる必要があります。

赤ん坊は母親によって世話されます。その母親は夫に支えられます。しかし、その夫も妻に支えられ、赤ん坊もただ親から支えられるだけの存在ではなく、母親と父親を支えることができます。どんなに疲れていても、子どもの笑顔を見ると、疲れが癒され、この子のために頑張って働こうと思えます。その時、赤ん坊は親を支えているのです。

このような関係においては、人は自分だけで完結するわけでも、完全でもなく、他の人に自分のフロントを補ってもらう必要があるという意味で、他の人とつながっているといえます。

恋愛関係のある二人も同じです。自分はもはや自分だけで生きているのではない、自分だけでは生きられないと思うようになります。精神的に一体化しているといっていいでしょう。これは相互依存状態（interdependence）ということができますが、いわゆる共依存ということではなく、それぞれは精神的には自立しているのですが、存在のレベルでは完結しているのではなく、自分が完成するためには他者を必要とし、自分もまた他者を支えるということです。恋愛の場合、この自分だけでは完全ではありえない自分を完全にする人は、誰でもいいわけではないということになります。

かけがえのない私

自分が愛する人は自分にとってこの意味で「かけがえのないあなた」であるわけですが、自分もまた他の人のフロントになるのですから、視点を変えれば、私も相手にとっては「かけがえのないあなた」であるということになります。

仕事であれば、自分の代わりになる人は必ずいます。自分がいなければ職場はたちまちまわらなくなると思っていても、実際には、そんなことは起こりません。そのことを知った時、自分の価値について自信を失うということはあるかもしれません。自分が職場を去っても、職場が問題なくまわるとすれば、本当は、自分が退職する前に、後進が仕事を円滑にできるように指導したことの成果であるはずですが、自分の価値にこだわる人は思い違いをしてしまいます。

もっとも、他の誰もが代われない仕事、自分だけができる仕事があります。それは「天職」と呼ばれるものです。そんな仕事であれば、職場を去った後も、形を変えることになっても、その仕事を生涯続けることができるでしょう。

恋愛においては、自分の代わりの人がいては困ります。失恋した時、あるいは、三角関係になった時につらいのは、私でなくてもよかったのだ、相手は自分のことを選ばなかったという現実を思い知らされることです。

反対に、自分が選ばれた時は、仕事の場面とは違って、自分が代わりがきかない人間であることを知ることができるからこそ嬉しいわけです。しかし、自分が選ばれるということによって自分の価値を認められるというのであれば、相手次第ということになりますから、危ういものということもできます。

他者に肯定され承認されると嬉しいですが、必ず承認されなくてはいけないと思ってしまうと、現実に、承認を得られない時、たちまち自分の価値を認めることができなくなってしまいます。

ここでいう承認を得るというのは、小さな子どもであれば親にほめられたいと思うことです。ほめられるのではなくても、何かをした時に、そのことを他の人に認めてもらい、それに対して「ありがとう」といってほしいと思うことも承認を得ようとするということです。自分がしたことに気づいてもらったり認めてもらえると嬉しいですが、いつも必ず気づいてもらえるとは限りません。髪の毛を切ったり、染めたり、パーマをかけても、誰も気づかないことはありえます。

そんな時は怒らなくてもいいので、ただその事実を言葉にすればいいわけですが、そのことについてはまた後で問題にすることにして、承認を得るということのもう一つの意味も見ておきましょう。それは、何かつらい目に遭った時、そのことで苦しんでいるということを認めてもらいたいと思うことです。具体的には、「大変だったね」とか「つらかったね」と声をかけてほしいのです。親子関係の例でいえば、試験で悪い成績を取ったり、友達と喧嘩をしたりなどして、つらそうにしている子どもに、親が「大変だったね」とか「つらそうだね」という言葉をかけると、子どもは誰かにそんなふうにいってもらえなければ、自力では苦境を乗り切れないと思うようになるかもしれません。このことは大人の場合でも起こります。

このような問題はありますが、恋愛においては、自分が肯定され承認されると、天にも昇る気持ちになるわけです。もちろん、そのことが危ういのは、自分がもはや愛されていないという現実に直面することがあるからです。

愛する人に生かされる

後に問題にすることと関係してくるのですが、私は、精神科医の神谷美恵子の次の言葉に共感します。

「愛に生きるひとは、相手に感謝されようとされまいと、相手の生のために自分が必要とされていることを感じるときに、生きているはりあいを強く感じる」（神谷美恵子『生きがいについて』）

自分が他の人の役に立てていると感じられること、貢献感があってこそ、自分が「かけがえのない私」であると思えます。他の道具であれば、気に入らなかったり、新しいものが出れば買い換えるということは可能ですが、この私という道具は、他のものに換えることは決してできません。どんなに癖があっても、この先、ずっとこの自分と付き合っていかなければならないのです。

矢野顕子のHappinessという、自分の人生を他の人の人生と取り換える歌があります。なぜそうしたか、幸せそうに見えたから。でもそうではなかった……幸せそうに「見える」ことには、意味がありません。実際に、本当に幸せでなければ意味はないのです。

それでは、実際に幸せになるためにはどうすればいいのでしょうか。幸福になるための鍵はわりあい簡単に見つかります。この自分のことを好きになればいいのです。

ところが、自分のことを好きになれない人は多いのです。これにはわけがあります。他の人と関わらないでおこうと思っているからです。どういうことかといえば、自分でも自分のことが好きになれないのなら、他の人が自分を好きになってくれるはずはないと思い、だから人と関わらないでおこうと思っているということです。人と関わっていくことは、たしかに簡単なことではありません。諍いになったり、ひどいことをいわれて、傷つくかもしれません。そんな目に遭うくらいなら、初めから人との関わりを持たないでおこう、と考え、その決心をいわば後押しするために、自分を好きにならないでおこうと思うのです。

そんなふうに思っている人であっても、幸福になりたくない人はないはずです。しかし、自分を好きになれなければ幸福になることはできません。先に見たように、他の自分に換えることはできないからです。ところが、今述べたような理由で自分を好きにならないでおこうと決心している人に、自分を好きになるように働きかけることは容易なことではありません。

どんな時に自分のことが好きになれるかといえば、自分は役立たずではなく、誰かの役に立てていると感じられる時であることは先に見ました。恋愛においては自分の気持ちを受け入れてもらえないことはありますから、そんな目に遭って傷つきたくないと思う人にとって、恋愛は非常に敷居の高いものになってしまいます。

しかし、もう恋愛なんてこりごりだと思っている人であっても、これまでの失敗を省みて、どうすればいいのかを知った上で、誰かと恋愛関係に入ることができれば、先に引いた神谷美恵子の言葉を今一度引くなら、「相手の生のために自分が必要とされていることを感じ」（これが「貢献感」

です)、その時、「生きているはりあいを強く感じる」ことができます。こうして、自分を受け入れることができた人は、幸福になることができるのです。

愛し尊敬する人のために

哲学者の森有正が、

「仕事は心をもって愛し尊敬する人に見せ、よろこんでもらうためだ。それ以外の理由は全部嘘だ」

といっています(森有正『バビロンの流れのほとりにて』)。

「よろこんでもらう」ということ、先に使った言葉でいえば、承認を得るということが、どうしても必要であると考えるのでなければ、愛される喜びだけではなく、さらに愛することが喜びになり、そのことが自分の人生を豊かにします。

どんな仕事も、それ自体としては、それを達成するためには時間もエネルギーも必要であり、つらいと感じることもありますが、愛されることの、また、愛することの喜びはそのつらさを補ってあまりあるものです。

ドイツの作家、ルー・ザロメは、誰かある男性と情熱的に接すると、九ヶ月後には、その男性は一冊の本を生んだといわれています。彼女と親交のあったニーチェもリルケもザロメから霊感を受けて本を書き、詩を書きました。

ザロメは、ウィーン精神分析学協会の集まりに出席していました。ニーチェやリルケと親交のあったザロメを、フロイトは愛情をこめて「詩神」（ムーサ、ミューズ）と呼んでいました。ムーサ（英語読みはミューズ）は、ギリシア神話に出てくる詩歌、音楽、芸術などを司る女神のことです。

「フロイトは彼女のことが心から好きで、必死に彼女を引きつけようとしたのだった。やがてザロメはゲッティンゲンでみずから精神分析を始めるが、フロイトには途切れることなく愛情あふれる手紙を送りつづけた。フロイトも彼女のことをますます深く愛するようになった」（ピーター・ゲイ『フロイト』）

アリストテレスが、神を定義して、「不動の動者」と呼んでいます。「自らは動かず、他者を動かす」ということです。ニーチェやリルケ、さらにフロイトは、神のようなザロメに動かされたと見ることができます。

リルケは、ザロメのために、彼の愛の徴として、またよく勉強している証拠として日記をつけ、イタリアの印象を彼女に送る約束をしました。この約束から生まれたのが『フィレンツェだより』です。

ザロメは、このように若いリルケに大きな影響を及ぼしました。内面的なことももちろんあるのですが、リルケの筆跡が著しく変化したことが指摘されています（H・F・ペータース『ルー・サロメ　愛と生涯』）。ルーに会う前はぐにゃぐにゃにゃした読みにくい字を書いていたリルケが、きちんと正確な字を書くようになったのです。名前まで変えました。ちょっと女みたいとザロメにひやかされたリルケは、ルネというフランス語形の名前をライナーと改めたのです。

冷静と情熱のあいだ

『冷静と情熱のあいだ』という小説がありますが（辻仁成、江國香織『冷静と情熱のあいだ』）、今し方引いたリルケのケースなど愛の持つ情熱的な面を表しています。情熱だけでは恋愛はうまくいかず、冷静であることが必要であるということを明らかにしていきますが、そうであっても、「冷静な愛」というのは形容矛盾といわなければなりません。愛は本来的に冷静なものではないからです。

プラトンの『パイドロス』には、正気（ソープロシュネー）と熱情（エロース）の合体こそが、哲学的精神そのものだといわれています。愛する人は、多かれ少なかれ、正気ではありません。最初に見たように、恋愛は若い人の特権ではありませんが、若い人が、年長の人に熱を冷まされるようなことをいわれても、怯むことはありません。

とはいえ、何度恋愛をしてもうまくいかないとすれば、何かわけがあるに違いありません。次章では、その「わけ」を明らかにし、第三章では、具体的にどうしていけばいいのかを考えてみます。

第二章　なぜ同じ失敗を繰り返すのか

なぜ愛や結婚を回避するのか

アドラーが「いつも最後の最後になって、人生の課題の解決から逃れている」三十歳の男性の事例をあげています（『個人心理学講義』）。アドラーは、仕事や交友についても検討しているのですが、ここでは、そのうち愛の課題について、アドラーの解釈を見てみましょう。

「彼は異性に近づくのをためらう。恋愛をし、結婚したいと思っている」

彼は課題を前にして「ためらいの態度」を取っています。人生の課題は避けることはできませんが、自分にはそれを解決する力がないと思っている人は、課題を前にしてためらったり、その前で完全に立ち止まってしまうことがあります。

「恋愛をし、結婚したい」のであれば、まずは相手を見つけることから始めるしかありません。「まずは」と書いたのは、先に見たように、相手さえ見つかれば、それで恋愛が成就するというわけではないからです。

相手さえ見つかれば恋愛は成就すると思っている人は、恋愛の課題に直面することを怖れて、自分の恋愛の対象になる相手はいないと思おうとしているかもしれません。たとえ、相手がいる状況にいても、そして、恋愛をし、結婚もしたいと思ってはいても、そう思うだけで、実際には、行動に移そうとはしていないのかもしれません。失敗することを怖れているからです。

ここで「失敗」というのは、恋愛の場面では、好きな人に自分の気持ちを告白しても、それを受け入れてもらえないということです。親しくしていても、付き合ってほしいといった途端、断られるかもしれません。たとえそうであっても、自分の気持ちを伝えなければ、何も始まらないのは明らかですが、断られるのが怖い人は、そうすることをためらいます。そして、ためらう理由をいくらでもあげることができるのです。

「しかし、強い劣等感があり、怖れてしまい、実際には、この計画に立ち向かうことはできなかった」

彼は「強い劣等感」があったので、恋愛にも結婚にも立ち向かえなかったといっているのですが、実際には、劣等感が原因で愛の課題を回避したのではありません。むしろ、彼は強い劣等感があることを理由に、愛の課題を避けているのです。

彼のいう劣等感というのは、内気で、話す時に顔が赤くなるということでした。彼は、この内気さを克服できれば、よく話せるようになるだろう、と考えていました。しかし、今は、話す時に顔が赤らむので人によい印象を与えることができず、そのため、ますます話すことが嫌いになったというのです。そこで、外出したがらず、外出したとしても、人が集まるところでは、何も話さず黙っていました。こうして、彼はいつも緊張していました。

彼は交友関係がうまくいかないのは、内気であり、緊張することのせいにしたいのです。しかし、彼がいっていることは本当ではありません。彼は交友関係を避けたいので、これらのことを、人と関われないことの理由にしたいだけなのです。

恋愛や結婚についても同様で、劣等感があるので、これらの課題に立ち向かえなかったといっていますが、そうではなくて、課題を回避するために、これらのことを理由に持ち出しているのです。

それでは、なぜ課題に立ち向かおうとしないのでしょうか。それは先に見たように、失敗を怖れるからです。アドラーのよく使う表現では、「面目を失うことを怖れる」からです。「あなたのことを私は何とも思ってない」というようなことはいわれたくはありません。誰でもそんなことはいわれたくはないでしょう。

ついでながら、「あなたのことは大嫌い」といわれたら、脈があると考えていいかもしれません。なぜなら、「嫌い」と思えるためには、気持ちの交流があるからです。「それなら、どうしたら好きになってもらえますか」と問うこともできます。

ともあれ、自分の気持ちを相手に伝えなければ何も始まりませんが、相手から拒まれることを恐れる人にとって、そのような事態を避ける一番簡単な方法は、愛と結婚の課題に近づかないことです。

しかし、そのためには、理由が必要です。何も理由もなしに、愛や結婚を回避することはできないと思う人は、そのために必要な理由をいくらでも探し出すことができるでしょう。こうして、この男性は失敗することを恐れ、前に進もうとせず「ためらいの態度」を取るか、立ち止まってしまうのです。

アドラーは、この男性について続けてこんなふうにいっています。

「彼の行動と態度のすべては、『はい……でも』という言葉に要約できる」

これは少し説明がいります。課題を前にしてためらう人は、しばしば「そうしてみます、でも」というい方をします。「このようないい方は強い劣等感の兆候である」とアドラーはいいます。たしかにできないことはありますが、事に着手する前から、できない時のことを考え、足踏みしてためらう人は多いように思います。そこで「はい……でも」と、一旦は、何かをしてみるといった後で、それをできない理由をあげるわけです。この男性の場合、「恋愛をし、結婚したい」〈でも〉強い劣等感がある（からできない）というわけです。

この時、「はい」と「でも」はいわば均衡が取れていて、恋愛をし、結婚したいが、でも、できないというよりも、「でも」といった時は、大抵、初めから（恋愛や結婚を）「しない」と決めているのです。「できない」のではなく「したくない」というのが本当です。

あるいは、彼はこんなふうにいうかもしれません。「もしもこの劣等感がなければ、恋愛をし、結婚するだろう」と。「内気さを克服できれば、よく話せるだろう」というのも同じです。「もしも……ならば」と可能性を語ることなら、誰でもできます。このようないい方をする人に、可能性の中ではなくて、現実の中で生きてほしいのです。しかし、そうする自信がなく怖いので、課題に立ち向かえない理由を持ち出してくるのです。

アドラーは、「劣等コンプレックス」という言葉を使うことがあります。これは、「Aなので（あるいは、Aでないので）Bができない」という論理を日常生活で多用することをいいます。このAとして、自他共に、そういう理由があるのなら仕方がないと思えるようなことを持ち出してきます。神経症が、Aとしてよく使われます。

このAとして、先に見たように、相手がいないということをあげる人はあります。また、相手に好きな人がいなかったらよかったのにとか、もっと早く会っていればよかったのにと思う人も同じです。何度もいうように、恋愛は相手さえいれば成就するわけではありません。実際に出会いがあった時、恋愛がうまくいかないという現実に直面することが怖いので、出会いがないといいつつ、出会いの場を自分から積極的に求めようとしないのです。

恋愛がうまくいかないとすれば、自分の愛し方の問題（あるいは、すぐ後に見るように「ライフスタイル」の問題）であることを認めたくはないので、意識してのことではなくても、恋愛の成就が困難な人を好きになるということがあります。私は好きだという気持ちに疑義を差し挟むつもりはありませんが、恋愛の成就を阻むのは、彼の側の事情にあって、自分にはないと思えるために、難しい相手を好きになるように見える人はあります。相手に好きな人がいること、歳が相当離れていること、不治の病気にかかっている人、獄中にいる人などです。相手がこのような人であるからといって、必ず、恋愛の成就が困難な人を選んでいるわけではないというケースはもちろんあります。

ライフスタイル

アドラーは続いて、この男性の「ライフスタイル」を分析します。ライフスタイルというのは、自分や他の人をどう見るかということ、また、何か問題に直面した時に、それをどんなふうに解決するかというパターン、癖のようなもののことです。これは普通には「性格」といわれるものであり、ほぼそれと同義ですが、性格という言葉を使わないのは、性格という言葉から連想されるのとは違って、生まれつきのものではなく、また、変えにくいものではないからです。今、この瞬間にライフスタイルを変えることも不可能ではありません。なぜなら、ライフスタイルを人は自分で決めたからです。

アドラーは、このライフスタイルは、二歳には認められ、遅くとも五歳には選び取られるといっていますが（『生きる意味を求めて』）、現代のアドラー心理学では、もう少し遅く、十歳前後だろうと考えています。それまでに、いろいろなライフスタイルを試してきたはずなのですが、十歳前後、つまり、小学校の三年生か、四年生頃に、このライフスタイルで生きていこうという決心をしたのです。その後は、外見は多少変わっても、ライフスタイル自体はその頃とほとんど変わっていません。たとえ、自分が選んだライフスタイルが不便であったり、あるいは、不自由であることを知っていても、その後も、ライフスタイルを変えることなく、今に至っています。

このライフスタイルは自分で選んだものですから、自分が決心さえすれば変えることは当然できるのですが、新しいライフスタイルを選び取ると、次の瞬間に何が起こるか予想もできないので、それが怖くて、なじみのライフスタイルを変えることができないのです。

例えば、普段あまり大きな声を出さない人が、ある日決心して、人前で大きな声を出そうとするようなものです。喫茶店で大きな声で話す人を見ることがあります。目の前にいる人にだけ届く大きさの声を出せばいいと思うのですが、声が店中に響き渡ります。ライフスタイルを変えるというのは、常は決してしないようなことをしてみようとする時のような困難さを伴います。大きな声が出せないのではありません。大きな声を出さないのが、その人の「スタイル」なのです。そのスタイルをあえて崩して、大きな声を出せば、その時どうなるかを予想することは難しいので、大きな声を出そうとはしないのです。

自分のことをよく知っている人が向こうからやってきます。実は、その人のことをただ知っているというだけではなく、その人に好意も持っています。今、挨拶しなければ、声をかけなければ、二度とこんな機会はないかもしれない、と思って緊張します。

ところが、その人はすれちがいざまに、ふと目を逸らしました。こんなことがあった時、いつも「避けられた」とか「嫌われている」と思ってきた人は、この時も同じように解釈します。「目を逸らした」と見ることに解釈が入っています。ところが、そのような人が、ある日、「そうではないのだ。きっとあの人は私に好意を持っているから、私と目を合わすのが恥ずかしかったのだ」と思うことは容易ではありません。

このような時に「避けられた」とか「嫌われた」と思うのが、この人のなじみのライフスタイルです。この人はこのライフスタイルを変えられないのではありません。避けられたと思えば、それ以上、その人との関係は進展することはありませんが、相手が自分に気があるのではないか、と思った途端、次に相手にどうアプローチするかを考えなければなりません。好意を持っている人と親しくなれることは嬉しいはずですが、このような展開を受け入れることができないのです。ライフスタイルを変えられないのではなく、「変えたくない」というのが本当です。たとえ、ライフスタイルを変えれば、次の一歩へと踏み出せるはずであるとしてもです。

もしもライフスタイルを変えるとすれば、ライフスタイルを変えないでおこうという不断の決断をやめる必要があります。しかし、それだけでは十分ではありません。次に、どんなライフスタイルに変えるのかというイメージを持っていなければなりません。どう変わるのかについてはやがて見ていくことにします。

ライフスタイルは、このように、自分で選んだのです。もっとも、その選択に影響を与えたことは多々あります。いわば真空の中で決めたというわけではありません。どんなことがライフスタイルを選び形成していった時に影響を与えたかも、少しずつ見ていきます。

さて、アドラーは、その頃に、「ある悲劇」が起こったのだろう、と推測し、その悲劇が、「正常な他者への関心」を失わせ、「人生は大きな困難であり、いつも困難な状況に直面するよりは、そもそも何もしない方がいいのだという印象を与えたのがわかる」といっています。

ここで注意と説明が必要です。

まず、「ある悲劇」は、彼が他者への関心を失うことになった「原因」ではないということです。この悲劇は次に見るように、特殊なものではなく、きょうだい関係をめぐるよくあることですが、同じことを経験したからといって、誰もがそれによって同じようになるわけではありません。

次に、「他者への関心」は、やがてなぜ恋愛や結婚において、同じ失敗を繰り返すのかという問題を考察する際に、鍵となる考えであるということです。今はすぐにはこれについては触れませんが、頭のどこか片隅に置いておいてください。

ここで、この男性のライフスタイルについて二つのことがわかります。一つは、彼は人生は大きな困難であると見ていますが、これは、世界は危険なところであり、他者は怖いと見ているということです。ですから、困難な状況に直面するよりは、そもそも何もしない方がいいのだというのですが、実際は、反対なのです。つまり、何もしないために、自分が直面する状況は困難であると見たいのです。しかし、彼の論理ではこうなります。

「それゆえ、注意深く、ためらうようになり、逃避の道を求める人になった」

「注意深い」ということは、それ自体としてはいいことですが（軽率よりは望ましい資質でしょう）、過度に注意深いと、失敗することを怖れるようになり、課題に挑戦するというよりは、そこから逃避する道を選ぶことになります。

「困難な状況」が何を意味するかはアドラーは何もいっていませんが、恋愛の場面では、自分が受け入れられず、拒まれるということを指しているのでしょう。好きな人との関係を進めるためには、自分の気持ちを伝えることから始めるしかありませんが、拒まれるくらいなら何もしないことを選ぶわけです。そうすれば、「面目を失う」ことを回避できるからです。

一体、彼に何が起こったのでしょう。「悲劇」とは何だったのでしょうか。

人を変えて同じことをしている

アドラーは、この男性のライフスタイルを「早期回想」によって分析しています。早期回想というのは、生まれてから最初の記憶のことです。もちろん、厳密に最初のものでなくてもいいのです。実際、どれが最初の記憶かわからないでしょう。「子どもの時のことを思い出してください」といわれて、ふと思いついたことなら何でもいいのです。できれば、「よく～していた」というような記憶よりは、ある日ある時の一度きりのエピソードであれば、そこからライフスタイルを読み取ることは、より容易です。

ついでながら、夢によってもライフスタイルを読むことは可能です。ただし、夢の場合は、ストーリーの展開が支離滅裂であることが多いので、夢を解釈することは簡単ではありません。それでも、カウンセリングにこられた人が、カウンセラーが求めなくても、カウンセリングの始めに「こんな夢を見ました」と話す時は、その夢は重要なものなので解釈します。

さて、この男性は、母親と弟と一緒に買い物に行った時のことを思い出しました。

「ある日、母親が私と弟を市場に連れて行ってくれた」

母と弟が登場することから、次にどんな話になるかを予測することは難しくありません。早期回想の中に親が出てくると、親の愛情をたっぷり受けて育ったよき思い出が語られるか、もしくは、親の愛情を失った話になります。

この男性の回想の場合は、「弟」が登場しますから、後の方の話になりそうです。つまり、この弟と母親の愛情をめぐって「何か」が起こるだろうと予想できます。

「その日、突然、雨が降り出した」

子どもの人生にもいつも何か事件が起こるものです。それはいつも子どもにとって「突然」起こります。

「母は、最初、私を抱いたが……」

母親にとって、雨が降るのは予想されていたのかもしれません。母親が子どもを抱いたのは濡れないようにするためだったのでしょう。傘を持っていたのかもしれません。母親に抱き上げられ嬉しいと思ったのもつかの間、

「ふと弟を見ると、私を降ろして弟を抱き上げた」

これはたしかに「悲劇」でしょう。「あなたはお兄さんなんだから、我慢しなさい」とでもいわれたのかもしれません。理屈としては、年長の兄ではなく年下の弟を母親が抱いたことは正しいでしょう。しかし、彼は自分が置かれた状況を理解できたとしても、弟が母親に抱かれたことが嬉しかったはずはありません。

アドラーは「この回想から、彼のライフスタイルを描くことができる」といっています。彼は「いつも、他の人が自分よりも愛されることになるのではないか」と見張っているのです。ちょうど、最初は自分が母親に抱かれていたのに、隣に弟がいることに気づいた母親が、自分を降ろして弟を抱き上げたようにです。

他の人が自分より愛されることになるのではないか、友人が自分よりも他の人のことを好きになるのではないか、といつも見張っている人は、友情や愛を損なう、どんな小さなことでも見落とすまい、と思います。困ったことに、そのような証拠は、すぐに見つかります。そして、友情も愛も短命に終わってしまうことになります。

そこで、このような疑い深い人は、あらゆる人から離れ、完全に孤立して生きることを望みます。他の人とは関係を持たず、他の人に関心を持ちません。しかし、人は一人では生きられないのですから、このようなことが問題の真の解決にならないことは明らかです。

問題はさらに、彼が愛されるか、他のすべての人から孤立するかという、極端な二者択一しかないと思い込んでいるところにあります。誰かから全面的に愛される（好かれる）か、それとも、孤立するかという二者択一でなくてもいいでしょう。後に、恋愛は百パーセントから始めたいという女性のことを書きますが、恋愛は少しずつ育んでいくものであって、最初から恋愛が成就するということはないのです。

先に注意したように、彼は、ここでいわれているような経験をしたので、このことが原因となって他の人に関心を持てなくなったわけではありません。現に今、他の人に関心を持てない自分を正当化するために、過去の無数にあるはずの回想の中から、自分のライフスタイルに一致するような経験を探し出したのです。過去に彼がこのような経験をしたことが重要なのではありません。このようなことは、実際にはなかったかもしれません。反対に、実際にあったことであっても、現在の自分にとって必要ではなくなれば、思い出さなくなるのです。

また、この早期回想からわかるのは、彼が今も相手を変えて同じことをしているということです。つまり、いつもライバルの出現を怖れ、相手の関心が自分から離れることを怖れているのです。回想の中では、弟がライバルを表しています。

アドラー心理学のカウンセリングでは、過去のことをたずねることはあまりありません。他の心理学とは違って、過去にあったことが現在の問題の原因であるとは考えないからです。

しかし、今も同じことを相手を変えてしているということを知ってもらうために過去のことをたずねることはあります。ですから、早期回想に現れる人が例えば父親であっても、それは現実の父親である必要はなく、「父親のような人」を表しているのです。

甘やかされた子ども

この男性が親から以前ほど愛されなくなったと思ったのは、王座から転落したからではないか、現に弟の誕生によって母親は兄のために割ける時間が減ったからではないか、と考える人があるかもしれません。しかし、第一子は皆、弟や妹が生まれるという経験をしているはずですが、誰もがそのことを「王座転落」と捉えているわけではありません。

親にすれば、下に子どもが生まれると、たしかに時間は下の子どもに取られますが、だからといって上の子どもへの愛情が減ることはありません。それなのに、親が以前ほど自分に愛情を注がなくなったと思い込んだ子どもは、何とかして自分の奪われた王座を取り戻そうとします。

そこで最初は、いい子になって親にほめられようとします。弟や妹の面倒を見ようとするかもしれません。しかし、小さな子どもの世話は大人でも簡単なことではありませんから、残念ながら、弟や妹を泣かせてしまい、かえって親に面倒をかけるという結果になります。その際、親に「あなたが余計なことをするからよ」というふうに叱られたりすると、たちまち、第一子は、一転して、悪い子になって、親を困らせることをします。例えば、それまでは一人で何でもできていたのに、排便に親の手を煩わせるようになったり、夜泣きを始めるというような、いわゆる赤ちゃん返りをします。

そのようにしてまで親の注目、関心、愛情を奪い返そうとする子どもは、親が自分のことを以前のようには愛してくれていないと思うのです。親が、「あなたのこともこれまでと同じように大切にするからね」といってみても、子どもは安心できません。もっと愛してほしいと思い、親の注目を引こうとします。そして、大抵、親は、このような子どもの要求に屈してしまいます。こうして、甘やかされた子どもが誕生します。生まれた時から、甘やかされた子どもであったわけではないのです。

このような第一子に見られるような王座からの転落を経験することなく、ずっと王子、王女として成長する子どももたしかにいます。末子はそのようになることがあります。末子は、上のきょうだいたちが親からいわれたのにいわれなかったことがあります。それは「今日からあなたはお兄（姉）ちゃんだから、できることは自分でやってね」という言葉です。末子は、兄や姉がある年齢になってできるようになったことを同じ年になった時にできなくても、親は躍起になってそれを末子にやらせようとは思わないのです。

そこで、末子は、いつまでも自立できない子どものままであり続けることができます。末子特有のライフスタイルを「永遠の赤ちゃん」というニックネームで呼ぶことがあるのですが、いつまでも親の愛情をたっぷり受け、やがて、自分でしなければならないこと、できることであっても、いつまでも、できないと思い、そのようにまわりの人にいいもし、できないふりをする子どもがいます。この場合も末っ子が皆こんなふうになるわけではありませんが、このような子どもが甘やかされた子どもになるといわれるのは納得できるでしょう。

愛情不足が、子どもの問題行動の原因だというようなことをいう人がいますが、実際には、親の側でいえば、愛情過多、子どもの側でいえば、愛情飢餓がもたらす問題の方がはるかに大きいのです。愛情過多は愛しすぎ、愛情飢餓は、愛されているのに十分愛情を受けていない、もっと愛されたいと思うことです。

たしかに、王座から転落する、しないにかかわらず、子どもは生まれてからしばらくは、親に全面的に援助されなければ生きていくことはできませんが、いつかは自立しなければなりません。親の方も、子どもが自立できるように援助しなければなりません。

ところが、親の方も、子どもが自分でできること、あるいは、自分がしなければならないことであっても、子どもが自分ですることを許さず、自立を阻むことがあります。母親が子どもに他者を援助したり、協力することを教えず、そうすることを免除し、甘やかすのです。子どもが自分でしなければならないことについても、親が子どもに代わって、行動し、考え、話します。そのように育てられた子どもが、甘やかされた子どもに特有のライフスタイルを発達させることになります。

中には子どもを自立させるべきだと考える親もいますが、子どもはただ自立するのであり、自立させられた子どもは、自立したのではありません。自立させられたのです。つまり、それは自立ではなく、「他」立でしかないのです。

子どもが自立するために、子どもが生きる道を親が整えると子どもは依存的になります。もしも親が用意した道を子どもが歩んで行ったのに、後に何かのことでつまずくと、そのような子どもは親を攻撃したり、恨んだりします。子どもの方にも親がいわばお膳立てした道を行くと決めたという責任があるはずなのですが、認めようとはしません。甘やかす親がいなければ甘やかされる子どもは存在しないわけですが、子どもの方も甘やかされることを拒んでもよかったはずなのです。親の甘やかしを受け入れたことの責任は当然あります。

親が甘やかす場合はもちろん、親が子どもが自分に依存することを拒んでも、また、先に見た男性のように、親が後から生まれる子どもに手が取られると、甘やかされることに執着し、大人になっても、甘やかされた子どもに特有のライフスタイルを持ち続けます。

このような人は、人生の課題を自力で解決しようとはしません。誰か他の人が自分のために自分の課題を解決することが当然である、と考えるのです。また、自分が世界の中心であると考えるので、自分が注目の中心ではいられないような状況を回避しようとしたり、そのようでいられることを阻む人のことを「敵」と見なします。こうして、そのような人と関わることを避けるようになり、対人関係という人生の課題から遠ざかろうとするのです。

その際、人生の課題から逃れるためには、理由がいると考える人は、その理由として、神経症を持ち出すことがあります。ある赤面症の女性に、赤面症が治ったら何がしたいかとたずねたところ、「男の人とお付き合いしたい」という答えがすぐに返ってきました。この答えの意味は明らかです。目下、男の人と付き合うことができないので、その理由として、赤面症が必要であるということです。「もしも赤面症が治れば」という、先にも見た「もしも〜ならば」といういい方は、神経症に特有の論理であり、現実ではなく、可能性の中に生きる人が使います。今は赤面症があって、いわば仮の人生を生きているけれども、赤面症が治ったらその時、本当の人生が始まると、「もしも〜ならば」

というい方をする人は思いたいでしょうが、実際には、今しか人生はないのです。やがて明らかにしていきますが、今、男性との付き合いが思うようにできないとすれば、そのことの原因は、赤面症とは別のところにあるはずです。

また、何か、大きな災害や事件、事故などに巻き込まれて、その結果として起こるとされる、トラウマ（心的外傷）やＰＴＳＤ（心的外傷後ストレス障害）が語られることがあります。たしかに、これらの出来事は、人の心に大きな影響を及ぼさないわけにはいきません。

しかし、それでも、人生の進行はそこで止まるわけではなく、人はその後の人生を生き続けていかなければなりません。そのような出来事に遭う前に人生の課題を回避してこなかった人は、災害や事件に遭遇しても、時間がかかっても受けたショックから必ず立ち直ることができます。しかし、それまでも人生の課題を回避してきた人は、トラウマを直面する課題がうまくいかないことの理由にすることがあります。

夫との関係がうまくいかないのは、幼児の頃から父親に虐待を受けていたことが原因である、と話している女優のことがテレビ番組で報じられているのを観たことがあります。その人は、普通の人は何とも思わないだろうが、例えば、机の上にタオルが投げられるだけで、びくりとするというのです。それは子どもの時に親から虐待を受けたからだ、とその人は説明していました。

子どもの頃の父親との関係が、その後の人生における対人関係に影響をまったく与えないとまではいわないとしても、夫婦の関係をよくするための努力は、子どもの頃に父親から虐待を受けたこととは関係なくできたはずです。夫婦の関係がうまくいかないことの原因を過去の出来事に求めるのはおかしいでしょう。

アドラーは、このあたりのことを「見かけの因果律」（semblance of causality）という言葉を使って説明しています（『生きる意味を求めて』）。今の出来事、あるいは状態を、あることを原因として生じたと説明することです。「見かけ」というのは、実際には、因果関係がないからであり、本来は因果関係がないところに、因果関係があるかのように見せるという意味です。先の例を使って説明するならば、幼い頃に父親から虐待を受けたことと、今の結婚生活の間には何らの因果関係もありません。実際、過去にどんな経験をしていても、結婚してからの二人の関係を、過去の経験とは関わりなく、育んでいくことはできます。それにもかかわらず、両者の間に因果関係があると見なすのです。もちろん、そうすることには目的があります。今の関係はどうすることもできない、自分には責任がないということを自他共に認めることができるようにするということです。

甘やかされた子どもたちが、やがて成人になり、誰かと恋愛関係に入ると、互いが相手に甘えたいと思います。このようなことは、付き合っていた時や、結婚してしばらくの間は、それほど大きな問題にならないかもしれません。むしろ、相手から依存されたい人もあるかもしれません。

しかし、二人のうちのどちらかが、もしくは、二人が共に、甘やかされたいと思っていれば、遅かれ早かれ、相手に依存したいという気持ちは二人の関係にとって大きな問題になってくるでしょう。

なぜ、このことが問題になるかといえば、どちらも与えようとせずに、与えられることだけを期待しているからです。なぜ、このようなことになるかといえば、端的にいえば、相手に関心を持っておらず、自分のことにしか関心がないからです。

さらにいえば、アドラーは「パートナーの根本にあるギブ・アンド・テイクが重要である」とはいっているのですが（『個人心理学講義』）、厳密には、恋愛はギブ・アンド・テイクではありません。というのは、たとえ、与えられるだけではなく、自分でも相手に与えているという人がいても、その人が相手に「あなたにこれだけのことをしたのだから、その分、返してほしい」と要求するのであれば、これはビジネスではあっても恋愛ではないからです。恋愛においては、このような意味でギブ・アンド・テイクに固執するとおかしなことになります。

恋愛関係だけではなく、対人関係全般も、ギブ・アンド・テイクではありません。親子関係に至っては、親が子どもにこれだけのことをあなたにしたから、返しなさいというようなことはいえないはずです。子どもは親から与えられたことを返せるはずはないのです（だから、子どもは親が自分たちが与えただけのものを返せと要求しても、それはできないと断っていいということなのですが）。

経済的な安定や社会的な地位のようなことが、結婚の重要な条件と見なされることがありますが、アドラーがいうライフスタイルの問題と比べれば、そのようなことは些末な問題でしかありません。二人のライフスタイルがわかれば、これから二人の人生がどんなふうになるか予言できるといっていいくらいです。

もっとも、それはこれまでのライフスタイルを変えなければ、ということであって、違うライフスタイルを選択する勇気を持ちさえすれば、それまでのライフスタイルにもとづいた未来の予想は無効になります。

自己中心的なライフスタイル

ある若い男性が美しい女性とダンスパーティで踊っていました。彼女は彼の婚約者でした。彼は眼鏡を落としました。その時、彼は眼鏡を拾うために、もう少しで彼女を突き倒すところでした。驚いた友人がたずねました。

「どうしたんだ?」

「彼女に眼鏡を割られたくはなかったんだ」

彼女は彼との結婚を諦めました（『個人心理学講義』）。

眼鏡が踏まれないためには、婚約者を突き飛ばすことも厭わないこの男性が自分のことしか考えていないのは明らかです。

恋愛と結婚において起こる問題は、他の対人関係で起こる問題と基本的には同じです。もしも自分のことにしか関心を持たず、それまでも他の人にあまり関心を持たず、自分のことばかり考えて生きてきた人であれば、恋愛、結婚においても、かならず行き詰まることになります。

他の人に関心を持つこと、他の人を仲間と認め、他者に貢献することをアドラーは「共同体感覚」と呼んでいます。この言葉の英語訳としてアドラーは social interest が気に入っていました。これは社会への関心、あるいは、他者への関心という意味ですが、この social interest と対比されるのが、self interest、つまり自分への関心です。育児、教育、治療の目標は一言でいえば、共同体感覚の育成ですが、その意味は、「自分（だけ）への関心」（self interest）を「他者への関心」（social interest）をも持てるようにすることです。

そもそもこの関心（interest）は、元来、自分に向かうものではありません。interest はラテン語では、"inter esse"（est は esse の三人称単数形です）、つまり「中に、あるいは、間にある」という意味です。「関心がある」ということは、対象と自分との「間に」（inter）関連性が「ある」（est）ということです。相手に起こることが自分とは無関係に起こっているのではなく、関連があると見られる時、その人に関心がある、といえるのです。

この他者に向けられた関心という意味での共同体感覚は、徐々に育つものであり、もしもそれまで自己中心的なライフスタイルを持っていたのであれば、誰かと恋愛関係に入った時に、一夜にして、そのようなライフスタイルを変えることはできません。自分は世界の中心にいて、自分では他の人に与えることなく、ただ他の人から受けることだけを期待するような人は、対人関係全般についてと同様、愛と結婚にも準備ができていないといえます。そのような人の恋愛や結婚がうまくいくかどうかは、実際に生活しなくてもわかるといっていいくらいです。

甘やかされた子どもは、大きくなっても、他の人が自分に何をしてくれるかということにばかりに関心を持ちます。そのような人の期待を満たしてくれる人がいればいいのですが、他の人は自分の期待を満たすために生きているのではないという当然の事実を受け入れることができません。

中には、自分が期待するように動いてくれない人に対して、攻撃的になる人もあります。攻撃的になれば、攻撃された人はその人から去るでしょうが、そうなると、いよいよ、他の人のことを「敵」だと思うようになるでしょう。

そして、他の人を必要があれば援助してくれる「仲間」と見ることができない人は、他の人に役立とうとは思わず、貢献感を持つことができません。こんな自分にもいいところがあると、自信を持てるためには、この貢献感は重要ですが、貢献感を持てず自信のない人は、他の人に好かれたり、愛されたりしないので、他の人をよく思えず、負のスパイラルに巻き込まれることになります。

恋愛においても、このような人は自分のことしか考えていませんから、相手が自分に何をしてくれるかということしか考えられないのです。非常にシンプルなことだと思うのですが、相手から愛されたら、自分を愛してくれる人を好きになれます。だから自分も相手を愛そう、つまりは、与えられることだけではなく与えれば、相手に好きになってもらえるはずなのに、愛される（与えられる）ことにしか関心がないと、愛されることはないわけです。

子どもの頃の親からの影響

パートナーを選ぶ時、もちろん、それは自由意志によるわけですが、子どもの頃の家庭生活がその選択に影響を与えることはあります。

アドラーは、誰もが子ども時代から心の中に異性の理想を創り出している、といっています（『個人心理学講義』）。男性の場合、母親が理想になり、結婚する女性に母親によく似たタイプの人を探し求めることはよくあります。

子どもの頃、母親との間に不幸な緊張があれば、母親とは反対のタイプの女性を探し出そうとします。母親が支配的で抑圧されて育つと、その後も女性への怖れを持ち続け、恋愛や結婚に直面すること、そもそも、女性を完全に避けようとすることが見られたり、母親とは違って、弱々しく従順な女性が、そのように育てられた男性にとっての理想になります。そのような男性は、怒鳴ったりがみがみいう母親を、無能力な教育者と見なし、親の圧力から逃れようとします（『人間知の心理学』）。

しかし、子どもを叱って育てる親は、子どもが自分で責任を取らなければならない場面で、子どもの課題に介入し、子どもを甘やかすことがあります。母親に甘やかされると、いわゆる、マザーコンプレックスを発達させることがある、とアドラーは指摘しています（『人生の意味の心理学』）。親の圧力から逃れる方が望ましいわけです。

あるいは、母親の影響によって、自分は弱く劣っている、と感じた（つまり「劣等感」を持った）男性は、女性に支えられたいと思い、母性的な女性を理想とするかもしれませんし、恋愛において、反対の方向へと向かって、攻撃的、支配的になることもあります。その際、そのような攻撃的、支配的な男性は、自分と同じような攻撃的な女性を選びます。激しい闘いにおいて支配者になることこそが立派だと思うからです。

アドラーが母親の少年への影響について次のようにいっていることについて、今日疑問視する人はあるでしょう。

「自分と母親の間の裂け目が非常に広ければ、彼の愛と結婚への準備は妨げられ、異性へ身体的に引かれることすらさまたげられるかもしれない。この妨げの程度は大きい。それが完全であれば、彼は異性を完全に排除するだろう」（『人生の意味の心理学』）

アドラーのこの記述に同性愛の起源を見ることができますが、母親との関係は、後に恋愛や結婚に影響を与えることがあっても、必ずこうなるといっているわけではありません。

女性もパートナーを選ぶ時に、親から影響を受けます。先に、母親の影響で劣等感を持つ男性がある、と書きましたが、女性も劣等感を持つことがあります。しかも、この社会においては男性が優位であるのに女性はそうでない、と考え、劣等感を持ち、その劣等感を過剰に補償することがある、とアドラーは指摘しています（『個人心理学講義』）。

今、見ている結婚についていえば、結婚しても、妻が夫よりも常に優れていようとし、家事をする能力がないことを証明しようとするというのです。アドラーが一九三〇年代に書いた本を読むと、分業し、自分に与えられた役割を果たすことが重要であると、どうやら女性は家事をするのが望ましいと考えているのですが（『教育困難な子どもたち』）、もちろん、今の時代は、男女の役割分担を固定するという考えは受け入れられないでしょう。男女のそれぞれが得意なことをすればいいのです。

アドラーは、女性は家事をするのが仕事であるというようなことをいっていますが、

「愛と結婚の問題は、完全な平等にもとづく時にだけ、満足に解決できる」

といっています（『個人心理学講義』）。

大人と子どもは対等の関係です。このようにいうと驚く人がありますが、同じではないが対等なのです。大人の方が子どもよりも長く生きていますから、子どもよりも多少知識も経験も多くあります。また、取れる責任の量も違います。小学校一年生の子どもの門限が夜の十時ということはあ

りえません。遅く帰ることの責任を取れないからです。

しかし、もしも家族に門限があるならば、時間は違っても大人にも門限がなければなりません。子どもには門限はあるが、大人には門限はないというのはおかしいのです。その意味では大人と子どもは「同じ」ではありませんが、人間としては対等というのは、こういう意味です。

男女の場合も、同じではないことが、両者が対等であることを妨げることはないでしょう。もっとも、出産のことを別にすれば、男と女が同じではないところがあるのかというと簡単に答えることはできません。

アドラーはこういっています。

「分業は、人間が男女に分かれているということによってなされるようになった」（『人間知の心理学』）

そして、この分業は「まったく偏見のない基準」に従ってなされなければならない、といっています。この基準は、社会や時代によって異なってしかるべきです。

このような意味で、アドラーは男女は対等である、と主張するわけですが、女性の役割（それが何かはよく吟味しなければなりません）を拒絶し、男性と張り合ったり、一種の諦めを持って生きていく人がいることを指摘しています。

さらに、女性は劣っている、と考え、男性だけが有能で立派な仕事に就ける、と考えている人がいます。このような人は、自分でできるはずの仕事も、男性にしかできないといい、いつも男性に押しつけます。

さらにまた、女性の役割への不満が極端に現れることがあり、女性が「独身主義と結びつく仕事」に就くという形で人生から退却することがある、とアドラーは指摘しています（『人間知の心理学』）。アドラーにとって、結婚は重要な人生の課題ですから、女性が、仕事に就いていることを理由に結婚しないことは、人生からの退却と考えたのでしょうが、今日ではこのような考えも受け入れられないでしょう。ただ、アドラーが、結婚を仕事や交友の課題よりも困難なものであると考えていることには、注意しておいていいでしょう。

アドラーは「男性的抗議」（masculine protest）という言葉を使って、女性が社会において不当に扱われていることを補償しようとしていることがある、といっています。そのために、男性の悪徳（と、アドラーはいうのですが）を模倣し、過剰に自分の女性性を補償し、男性的であろうとするというわけです。

この「男性的抗議」という言葉は男性についても使われます。この場合も、男性は過剰に男性的になろうとします。マッチョであることを理想にするというようなことです。そこまでいかなくても、女の子ばかりの家庭に育つ男の子が、自分を必要以上に男らしく見せようとし、男らしいという特徴を誇張しようとすることがあることをアドラーは指摘しています（『個人心理学講義』）。

子どもの頃は、兄や弟が家庭の中でひいきにされるのを見、後には社会的にも女性が劣った立場にいると思った女性について、アドラーは「女性の役割と和解できない」という表現を使うことがありますが、今日では、女性の役割や男性の役割が固定的に決まっているわけではありません。ですから、アドラーが次のようにいうことに私は賛成できません。

「子どもたちに、家事をしている母親が、男性と対等のパートナーであることを明らかにするのはきわめて困難である」（『人間知の心理学』）

母親が家事をするのを見て、女性が家族の中において男性とは対等ではないと見るとすれば、見る方の問題であり、家事をする女性の方の問題です。たとえ、誰も家事を手伝う人がなくても、他の家族に貢献できるのですから、いやいやするのでなく、楽しそうに家事をすれば、それを見て他の家族も手伝ってくれるかもしれません。いやいやしていたら、誰も手伝おうとは思わないでしょう。

男性が家事をしていたら、その男性は女性と対等ではないと思うような人が今の時代いるとは思わないのですが、はたしてどうでしょう。

他者への関心

最初に見た男性は、子どもの頃、王座から転落という「悲劇」を経験した結果、他者への関心を失ったのでした。母親が弟や妹に手を取られるということ、しかし、そのことは、決して自分への愛情が減ったからではないということを、たとえ子どもの時は理解できなかったとしても、大きくなれば理解できるでしょう。

しかし、大人になっても理解できない人は理解できません。王座から転落したことが、なぜ他者への関心をなくすということにつながるのかはすぐにはわかりません。親は自分に四六時中注目するべきなのに弟や妹のためにそうしなかった、だから、自分に注目しないような親には、もはや関心を持たないでおこうと決めたということなのでしょうが、それでは、この男性のような甘やかされた子どもは、その後の人生で、親に注目されないでもいいと思うかというと、そうではない人が多いのです。

中間子、つまり上と下に兄、姉、弟、妹がいるようなきょうだい順位に生まれ育った子どもは、親の注目を得にくいものです。中間子は、第一子とは違って、生まれた時から兄や姉がいますから、一度も親の注目、関心、愛情を独占したことがありません。それでも、最初の数年は、親はかまってくれますが、数年後、弟や妹が生まれると、親は弟や妹に注目や愛情を移してしまいます。

そこで、このきょうだい順位に生まれた子どもは、親を困らせるようなことをして、親の注目を自分に引きつけようとするかもしれませんが、他方、親のことは早くに諦め、自立した人生を送ろうと決心することもあります。きょうだいの中で一番最初に家から出て、地方の学校に入学したり、地方に就職するのは中間子であることが多いのです。しかし、そうではない人は、中間子というもっとも注目を得にくいきょうだい順位に我慢ならず、問題を起こしてでも親の注目を引こうとすることがあります。

一人っ子（単独子）は、家庭で他の子どもがいなかったので、親を初めとして年長者との関わりは上手ですが、同年輩の人との関わりが上手ではないということがあります。自立しているといえますが、人に合わせたり、人の気持ちに配慮することが苦手な人もいます。

どのきょうだい順位で育っても、他の人がどれだけ自分に注目し、自分に何をしてくれるかということにばかり気にしている人は、他の人が自分の欲求を満たしてくれるかどうかということだけが関心事であり、もしも、自分に格別の、あるいは、自分が望むような仕方で、注目をし、関心を持ってくれない人がいれば、そのような人を、仲間ではなく、敵と見なすのです。

誰でも家族や職場などの共同体において自分の居場所があると感じたいと思っています。しかし、居場所があると感じられるということと、共同体の中心にいるということはまったく別のことです。

この男性は、王座からの転落をし、それまで自分がいた共同体の中心から排除されたのでした。そこで、自分をそのような目に遭わせた母親を初めとする人たちを敵と見なすようになりました。他の人を必要があれば自分を援助してくれる仲間と見なすことができれば、他の人に関心を持ち、さらには役立とうとするでしょうが、他の人を敵であると見る人は、他の人への関心を失ってしまい、他の人に役立とうとは思いません。アドラーの治療方針は、非常にシンプルです。彼が今や持っている自分への関心（self interest）を他者への関心（interest in others, social interest）へと変えることです。

Social interest はアドラー心理学の鍵概念である「共同体感覚」(Gemeinschaftsgefühl) の英訳です。この共同体感覚を表す言葉に、Mitmenschlichkeit がありますが、Mitmenschen は「仲間」で、人と人と（Menschen）が結びついている（mit）という意味です。他の人を仲間と思えない人は、共同体感覚を持っていないといえます。仲間であると思うからこそ、その人に関心を持ち、さらには、貢献しよう、協力しようと思えるのです。

人生の課題を解決できるためには、他者への関心が発達していなければなりません。なぜなら、この人生の課題は対人関係であり、対人関係に何か解決を要する問題が起こった時に、自分は何もしないけれど、他の人が自分のために何かをしてくれると思っている限り、人生の課題は解決されず、そのため人生はいよいよ困難なものに思えるからです。

ここで注意しておきたいのは、この男性は、第一子として育ち、他のきょうだいによって注目の中心にいられなくなったので、他者への関心が発達しなかったのでは〈ない〉ということです。彼がそのようなライフスタイルを形成することに、第一子として育ったことは、たしかにそのことに影響を与えたでしょうが、第一子が皆、彼と同じようになるわけではありません。

難しい相手を選ぶ

さらに、パートナーを選ぶ際、病気の人や、自分とはかなり年長の人を選ぶこともありますし、既婚の男性を選ぶことがあります。このことについては既に見た通りです。もちろん、愛の形にはさまざまなものがあっていいでしょうし、アドラーも相手がこうだから望ましくないというようなことをいっているわけではありません。ただ、「決して結婚へと結実することのない求婚」（『個人心理学講義』）を続ける人は、可能性の中に生きているわけで、強い結婚願望があるように見えても、何らかの意味で結婚することが難しい人を選ぼうとしていることは、結婚が現実のものになることを怖れていることを表しています。先にあげたような人が真摯な恋愛をしていないとはいいませんが、アドラーがいう意味はわかると思います。

恋愛、結婚の身体的側面

恋愛や結婚においては、相手に性的に引かれます。これは交友の課題と区別する重要な点ですが、アドラーはこのことをただ性衝動と見ないで、対人関係の中で考察しています。

「もしもパートナーが本当に互いに関心があれば、性的に引きつけられなくなるということはない」（『人生の意味の心理学』）

性的に引きつけられることが、相手への関心があることと関連づけられているのです。相手への関心が欠如するとすれば、対等な関係がなく、友好的、協力的ではなく、相手の人生を豊かにしたいと思っていないからである、とアドラーはいいます。関心は続くが、身体的には引きつけられなくなったというのではなく、そのようなことが起これば、相手への関心を失ったというのです。関心を失ったことを正当化するために、身体的に引きつけられなくなったということを理由にするわけです。

これは二人の関係が始まってからのことですが、アドラーは、男性の役割、女性の役割を受け入れることができないことが、女性における不感症、男性における心身症的インポテンツのすべてのケースにおける根本的原因かもしれない、といっています。

「これらのケースにおいては、身体の抵抗によって明らかにされる愛と結婚への抵抗がある」（前掲書）

この困難は、男性と女性が対等であることを信じなければ回避できない、とアドラーはいうのですが、社会的な意味における男女の対等だけではなく、二人の関係についてもいえるでしょう。

二人が対等ではなく、友好的な協力関係がない時、このような身体的な症状によって、相手を拒否するのであり、その時、相手に性的に引かれないと思うようになるのです。性的に引かれないから相手に関心を持てなくなるというのでなく、相手に関心を持たず、相手との関係から逃れるために、身体的症状を創り出すのです。

アドラーは、感情が、震えたり、赤くなったり、青くなったり、心臓がドキドキしたりするという形で身体に現れるということから、心と身体は一体のものである、と考えています。心臓、胃、排泄器官、生殖器官などの器官は、それぞれの器官がもっともよくできる言語によって、人がどこに向かおうとしているかを示しています。

この言語のことを「臓器言語」（organ jargon）といいます。今、問題にしている不感症やインポテンツもこれの例で、相手との関係から逃れるために創り出されます。何の理由もなく、相手を避けるわけにはいかない時に、身体の症状をそのことを正当化する理由にするわけです。

なぜ攻撃的になるのか

自分が期待するように動いてくれない人に対して攻撃的になる人がある、と書きましたが、最初から攻撃的になるわけではありません。他の人が自分の期待を満たすことを当然と思っている人は、広い意味で注目を得たいと考えています。

しかし、他の人は自分の期待を満たすために生きているわけではありませんから、他の人の注目を得ようと思っている人は、大抵自分が思うように注目されないという現実に直面して、行動を変えていきます。攻撃的であることも、注目を得ようと考えてのことですが、最初から攻撃的になるわけではありません。

最初は、賞賛を得ようとします。ほめてほしいわけです。大人なのに、と思う人があるかもしれませんが、例えば、好きな人のためにお弁当を作るというような時、彼にほめてほしいと思って作るのです。「いつも忙しくて昼食をとる時間もないみたいだから、今日は早起きしてお弁当を作ってきた」といって、彼にお弁当箱を渡します。

夕方、お弁当箱を回収に行きます。その時、全部食べてあって、おいしかった、ありがとうといわれたら嬉しいでしょうが、よほど忙しかったのでしょう、手つかずのまま机の上に置いてありました。それを見ればがっかりするでしょうが、忙しかったのだな、と思えるのと、せっかく作ってきたのに食べてもらえなかった、とがっかりするのとでは、受け止め方に大きな違いがあります。

賞賛も含め、他の人から承認を求めることに問題があると私が考えるのは、思うような賞賛、承認を得られなければ、いよいよ何としても注目を得ようとするからです。今の例で説明すれば、作った弁当を開けてももらえないので、それなら違った仕方で彼の注目を得ようとします。頻繁にメールを送ったり、電話をするというようなことです。彼女からメールや電話があるのは嬉しいですが、メールがあまりにたくさんきたり、頻繁に電話があれば、返事をし、電話に出ていると、自分の時間がなくなってしまいます。「今は出られない、後で」といって、彼女が引き下がればいいのですが、いつまでも電話を切れないというようなことが続くと、電話があっても、電話に出なくなり、メールにも返事を書かなくなります。

ある日、携帯にメッセージが入っているので再生すると怒りのメッセージが録音されています。「あなたがいるのはわかっているのよ」。怒りの感情が起こった時点で、二人の間にはもはや愛はないのです。それなのに、相手に強く迫れば、付き合い始めた頃の関係に戻れると思います。彼の方はうんざりしてしまっていることに彼女は気づきません。二人は権力争いの段階にあるのです。彼の方もいいたいことがあります。忙しかったんだ、家に帰った時、休息したかったんだ、それなのに、頻繁にメールや電話があって、それに一々答えていたら身が持たないというようなことをいい、自分の取った行動が正当なものであったことを訴えます。感情的にならなくても、自分が正しいと思う時、相手との権力争いに入っているのです。権力争い（つまりは、喧嘩）を解決する方法は一つしかありません。そこから降りることです。「いや、そうするわけにはいかない、私は正しいのだから」と思ったとしたら、それが権力争いなのです。

彼は忙しかったのですが、何とか時間を調整して、ある日彼女と会いました。ところが、久しぶりに会えたことを喜んでくれると思っていたのに、彼女の様子がどことなくおかしいのです。そこで、たずねてみたら、彼女から思いがけないことを聞かされました。「あなたが忙しいとばかりいって、少しも私と会ってくれないので、先週の土曜日に、あなたの友達のX君と会って、彼と寝てしまった……」。彼は彼女の言葉を聞き、腹が立つというよりは、どうしてそんなことをするのだ、といやな気持ちになります。復讐の段階に入ったのです。

一般的にいうと、この段階に入ってしまうと、二人の関係の修復は、利害関係のない第三者が介入しなければ難しいでしょう。何をいっても、自分に都合のいいことばかりいっていると受け止められるからです。

占い

付き合っている人と結婚できるかと占ってもらったら、結婚できないといわれ、ショックで食事も喉を通らない、と若い友人から電話がかかってきたことがありました。恋愛は百パーセントから始めたいというのが持論でしたから、長く付き合った結果、結婚を考えるようになったというよりは、最初から付き合っている人との結婚を意識していたのかもしれません。

百パーセントというのは、互いに相手の気持ちを確認できてから恋愛を始めたいという意味です。相手が自分のことをどう思っているかわからないというのではいけないようです。相手の気持ちがはっきりとはわからない時こそ、恋愛の醍醐味があるといっていいというようなことは通じませんでした。たとえ、「あなたが好き」「私も好き」というようなことをいって互いの気持ちを確認できたとしても、その「好き」という言葉の意味、相手に何を求めているかなどは自明ではありませんから、百パーセントから始める恋愛などありえないと思うのです。こんな会話をしました。

「私はいつも恋愛は百パーセントから始めたいんです」

「どういうこと？」

「相思相愛で始めたいということです」

「それってつまらないのでは？」

「そんなことないですよ。相手が自分のことどう思ってるかわかってるのだから」

「そうなのかなあ。そんなに何もかもわかってるなら、恋愛する意味がそもそもないように思いますが」

「どうして？」

「相手に自分が知らないところ、未知なるところがあるのが、恋愛の醍醐味でしょう。僕は『ああ、こんな人だったんだ』と気づく瞬間は楽しいですが」

「そういうふうに相手のことがわかって別れることになることもあるのでは？」

「あるかもしれない」

「じゃあ、だめです」

「だめではなくて、私がいいたいのは、初めに私はこの人のこと好きなんだな、と思う気持ちがあったらそれで万事よしということにはならないということです。むしろ最初は、三十パーセントでも、それどころか十パーセントでもいいから、関係が始まれば、その最初の十パーセントが、次第にパーセントを増していく、その過程の中で、相手への思い、相手の自分への思いは変わっていきます。

その意味で、恋愛はリアルタイムでどんどん変わっていくのだと思います」

互いに相手のことが好きであり、そのことの意味が正しく了解されているとしても、すぐには結婚にまで至りません。恋愛は、喩えてみれば、どこかで立ち止まっているというよりは、互いの距離は近づいたり遠ざかったりして絶えず変わっていくものです。百パーセントから始めるというのは、「これからは、もうずっとここにいて」と相手を強いることではないか、と思ってしまいます。

話を戻すと、結婚するかしないかは、二人で決めることだと思うので、占いに行ったことが私には理解できませんでした。

「彼とはうまくいってなかったのですか？」

「そんなこと、ありません。いい関係だと思います」

「それなら、占いに行ったわけがわからない」

「だって、結婚したいし……」

「それなのに、結婚できないといわれたのですね」

「はい」

カウンセリングであれば、「あなたはどうしたいのですか」とたずねてみたいところです。当然、「結婚したい」という答えが返ってくるはずなのですが、考えてみれば、もしも、この人がいう百パーセントが今も維持され続けているのであれば、占いに行こうと思わなかったのではないかと考えました。

おそらく、自分の、あるいは、相手の、さらには二人の気持ちに少し揺らぎが生じたのでしょう。穿った見方をすれば、今の努力は報われるのかという計算が働いたかもしれません。関係をよくする努力が報われようが報われまいが、好きなら努力し続けるしかありません。長編小説の結末を読み終える前に知りたいというような気持ちだったのかもしれません。思い通りの結末が書いてあれば、安心して読み続けられるでしょうが、そうでなければ、もう読みたくない……。

私はこういいました。

「占いで、結婚できないといわれてよかったね」

「どうして？」

「彼と結婚できる、と占いでいわれたら、彼との関係をよくしようとする努力はしないだろうから。でも、駄目といわれても、それでもあなたが彼と結婚したいと思うなら、関係をよくする努力をするでしょう」

この人がそれまで彼との関係をよくする努力をしてこなかったとは思わないのですが、占いに行こうと思った時点で、恋愛の成否を自分の努力以外のものに委ねようとしたのではないか、と私は思うのです。

愛情が減ったと見始めると終わり

相手の関心が自分から離れていくことを怖れる人にとっては、どんな小さなこともそのことを証拠立てるように見えます。幸か不幸か、自分が愛されてない証拠を見つけるのは簡単です。

最近、彼からくるメールが少なくなったという人がいました。もちろん、知り合った最初の頃と同じようにメールがくればいいでしょうが、そんなことは普通は期待できません。

相手が社会人になった時、悲劇は起こります。メールを出したくても、学生の頃のように、いつでも出すわけにはいかないからです。もちろん、どんなに忙しくても、メール一通も出せないほど忙しい人がいるとは思いません。トイレに行った時や、眠る前のわずかな時間にでも、メールを出そうと思えば出せるはずだからです。

しかし、メールの数が減ったとしても、そのことを自分への愛情が減ったことの証拠であると思うことはありません。新しい職場で頑張っているから忙しいのだろうと見ていいのです。愛情が減ったことの証拠と見るのか、それともメールを出せないほど頑張っていると見るかでは大きな違いがあります。

とはいえ、メールが少なくなったことから自分に対して以前ほど関心が向けられなくなったと見る人は、メール以外のことでも同じことを感じているのでしょう。まったく、根拠のない不安というわけでもないのでしょう。

この人に、前は何通メールがきていたのかとたずねたところ、「五十通」という答えが返ってきました。

「それで今は？」

「二十通……」

彼にすれば、これだけメールを出しても満足してもらえないのであれば、穴の開いた器に水を注いでいるような気持ちになるのではないでしょうか。たとえ一日一通でもメールがきたら嬉しいと思ってほしいのです。返事があれば無事であることを確認できますし、知らせがないのはよい知らせ、だと考えることもできます。

電子メールでやりとりをすることが当たり前である若い人にとっては想像もできないことかもしれませんが、封書や葉書で連絡を取ろうとすれば、リアルタイムでは返事を受け取ることはできず、少なくとも二、三日はかかりました。それも相手が手紙や葉書を読んですぐに返事を書いたとすればということです。

どうやら問題は、以前ほどメールを書かなくなった彼ではなくて、彼女の方にあるように見えます。今、「穴の開いた器に水を注ぐ」という表現を使いました。このような人は、愛されていても、もっと愛されないと気がすみません。

イタリアの学者の調査では、恋をしている男女は、一日に平均で十三回は相手のことを考える、

とある小説に書いてありました（谷村志穂「キャメルのコートを私に」『LOVERS』所収）

この小説の主人公の女性は「私は、それ以上」というが、相手の恋人は「おそらくそれ未満」だといいます。相手のことを考えるだけなら何も問題は起こらないはずなのですが、自分が相手を思うのと同じくらい相手が自分のことを思ってほしいと期待していれば、メールの数が減り始めればたちまち、相手が自分のことを考えてくれない、と思い始めます。そのように思い始めれば、このことが二人の関係にとっての重大な問題になります。

メールの数が減ったと不平をいう人にしても、親が弟へと関心を移したと思った男性にしても、どちらも、愛されているのに「もっと」という愛情に飢えている人ではないかと思います。そのような人のことを、アドラーは「甘やかされた子ども」といいます。甘やかされた子どもは、そのまま大きくなり、子どもの時と同じことを相手を変えてしているわけです。

このような甘やかされた子どもと関わる人は、注意して意識的に、あなたのこと大好きというメッセージを発するべきなのでしょうが、他の人は自分の期待を満たすために生きているわけではありませんから、まわりが注目してくれないからといって、そのことで不平をいうことはできません。

このような人は待てないのです。離れている時は苦しくてたまりません。もちろん、一緒にいれば楽しいけれども、離れている時も少しも不安ではない。会えない時もメールがこなくても大丈夫。こんなふうに思えたら恋愛も苦しくはないでしょう。どうすればいいのか、考えることはたくさんありそうです。

嫉妬する人

嫉妬深い人がいます。何かにつけ相手を束縛し、常に相手を監視しようとします。今、何をしてたかというようなメールが頻繁にくることもあります。このようなことは、恋愛の最初の頃は、嬉しく思う人もあるかもしれませんが、やがて何かにつけ嫉妬されると、煩わしく思われるようになります。

他の人と話をするだけでも嫉妬する人がいます。嫉妬と愛とは何も関係ありません。嫉妬の感情は愛する人にとって当たり前の感情ではありませんし、愛の証でもありません。それは、相手を所有していると思っているからこそ生じる感情です。もちろん、人を所有することなどできません。

嫉妬されないと自分に関心を持ってもらっていないと思う人がありますが、そんな人でも、常に監視されないまでも、「今、どこにいる?」「今、何をしてる?」と四六時中たずねられ、一緒にいる時にも、携帯のメールチェックまでされたら、さすがにうんざりするのではないでしょうか。できることなら、いつも私の目の前にいてほしい、そうすれば、他の人に関心を移すことはないだろう……こんなふうに考える人は、自信がない人だといわなければなりません。今はこの人は自分に関心があって、私のことを好きだといってくれているけれど、いつなんどきライバルが現れるかもしれないと思っているのです。先に見た弟に王座を奪われたと思った男性と同じです。

また、先に見た百パーセントから恋愛を始めたいといっていた人は、一度互いの気持ちを知ったからといって、二人の気持ちがそのままであるとは思ってないからこそ、占いにいって安心したかったのです。

また、気持ちは静止したものではなく、常に動いていくものですから、相手が他の人に関心を移してしまったのではないかと思うと、たちまち嫉妬してしまうのです。

愛は強制できない

この人のもう一つの思い間違いは、愛されることが重要だと思っているように見えるということです。愛するより愛されることの方が重要だと考えるわけです。しかし、「私を愛しなさい」と強制するわけにはいきません。「私を愛してくれませんか」とお願いすることはできますが、愛するか、愛さないかの決定権は相手が持っているのです。

もちろん、愛されたいと思うことが間違っているとまではいいませんが、愛されるために、かえって相手の気持ちが離れてしまうようなことをしてしまうことがあります。愛されたいのであれば、相手から愛される努力をする必要があります。

この世で、人に強制できないことが二つあります。「尊敬」と「愛」です。「私を愛しなさい」とか「私を尊敬しなさい」と人に強制することはできません。こんなことは明らかだと思うのですが、相手の気持ちを強制的に自分に向けることができると考えている人はたしかにいます。攻撃的になったり、ストーカーとまではいかなくても、相手に頻繁に電話をかけるようなことをして（相手は電話に出ないかもしれませんが、着信履歴にはしっかりと残ります）相手につきまといます。

結局は、嫌われたり、怖れられたりして相手は離れていってしまいます。最初からこんなふうになることはわかっているはずですが、好きな人に夢中だと自分がしていることが見えなくなっているようです。あるいは、自分が嫌われていると思った時点で、相手から好かれるという目標を達成することは断念し、自分のプライドが損なわれたことに憤慨し、相手にいやな思いをさせようと思って、攻撃的になったり、つきまとったりしようとしたのかもしれません。あるいは、相手に愛されたいという思いの屈折した表現と見ることもできるかもしれません。

また、自分では何もしなければ、尊敬されることも、愛されることもありません。何をするかといえば、相手を愛することです。これは先にも見ました。どんな時にこの人に愛されていると思えるかといえば、愛されている時です。だから、私がまずこの人を愛したら、相手は愛されていると思えるのです。ただし、これも先に見たように、恋愛はビジネスではありませんから、相手を愛することはできても、愛することと引き換えに、相手から愛されることを期待することはできません。

まわりが放っておけないと思って手を差し出すような人は、自分を愛するように強制していないと考える人があるかもしれませんが、まわりの人にそのような気持ちに〈させる〉という意味では、まわりの人が期待に添ってくれない時に攻撃的になる人と変わりはありません。そういう気持ちにさせられた人は、罠にはまったことに気づいていません。このような術策をめぐらせていることに、実は、本人も気づいていないことが多いでしょう。

「あの人は嫌いだが、あなたは好き」

「あの人は嫌いだが、あなたは好き」といって、相手だけに自分の愛が向けられていることを強調したい人がいます。フロムが人を愛することは能力であるといっているように、この能力は特定の人だけを対象にし、他の人を排除するようなものではありません。すべての人を同じように愛することはできませんが、特定の人（たち）を激しく嫌うような人に「あなたは好きだ」といわれても、明日はわが身という気になってしまい、愛されている気はしないのではないでしょうか。他者を敵と見る人には人を愛することはできません。

クリシュナムルティがこんなことをいっています。

「誰かを大いに愛している時、その愛から他の人を排除するのでしょうか」（クリシュナムルティ『子供たちとの対話』）

誰かのことを愛しているのであれば、それ以外の人も愛しているのです。特定の人しか愛せない人は、その人のことも本当には愛していないのです。

もっとも、クリシュナムルティも、

「初めに愛の感情があり、それから特定の誰かへの愛があるのではないですか」

と、全般的な愛の感情と特定の愛の感情を区別しています。しかし、まず人を愛せるということがなければ、フロムがいう「愛する能力」がなければ、個々の人を愛するということもできないということです。

愛についてのアドラーの考えは、聖書でイエスが説いているような隣人愛、敵をも愛せという考えに近いのです。甘やかされた子どもは、「なぜ私は隣人を愛さなければならないのか。私の隣人は私を愛しているのだろうか」と問います。フロイトは、もしも「汝の隣人が汝を愛する如くに、汝の隣人を愛せよ」なら異論はない、といいます（**Freud**, *Das Unbehagen in der Kultur*）。もちろん、こんなことなら誰でもいうでしょう。もしも私を愛してくれるなら、君を愛する、と。フロイトにとって、隣人愛は「理想命令」であり、人間の本性に反している、とまでいいます。

フロイトは、見知らぬ人は愛するに値するどころか、敵意、さらには憎悪を呼び起こす、といいます。「なぜそうすべきなのか。そうすることが何の役に立つのか。何よりも、この命令をどのように実行するのか。そもそも実行できるのだろうか」と問います（**Freud**, *op.cit.*）。

このような問いは、愛することではなく、愛されることばかり考えている人の問いである。たとえ誰からも愛されなくても、私は隣人を愛そう。成熟したライフスタイルを持ったアドラーは、フロイトの問いを一蹴します（『人生の意味の心理学』）。

人生の調和

愛と結婚は重要な課題ですが、人生のもっとも重要な課題であるわけではありません。仕事、交友、愛の課題という三つの人生の課題のうち、どれか一つが突出した形で人生の中で重要なものと見なされることがあってはなりません。

アドラーはこんなふうにいっています。

「個人的な優越性の目標は、必ず人生の課題のうちの一つを調和を乱した形で拡大する。その場合、人が抱く成功の理想は、不自然な形で、社会的な名声、仕事上の成功、あるいは、性的な征服へと限られる」（『人はなぜ神経症になるのか』）

仕事中毒、ワーカホリックといわれる人は、仕事にすべての情熱を注ぎ、家庭を顧みないこともあります。このような人は、仕事の課題を最優先せざるをえないということを、他の人生の課題に取り組めないことの理由にしたいのです。結婚の失敗の口実として仕事に忙しいことを持ち出す人もいます。仕事が忙しかったから、家庭でゆっくりできなかったからだ、というふうにです。

恋愛がすべてという人も、同じように、恋愛を他の人生の課題に取り組まない口実にします。寝ても覚めても、好きな人のことを思い、愛されている喜びにひたり（「愛する」喜びを語る人は少ないように思います）、食事をすることも忘れるほど、夢中になれるということは、愛の神髄だという人はあるでしょう。最初に見たように、冷静な愛というようなものはありませんし、プラトンによれば、それは一種、狂気（マニアー）といっていいほどのことです。宮沢和史が、愛なしでは生きられない、と歌っています。しかし、同時に、愛だけでは生きられない、といっていることはよくわかります。宮沢の重点は、愛なしだけでは生きられないという方にあるのですが。

フランソワーズ・サガンの『ブラームスはお好き』の主人公はポールという室内装飾家の女性ですが、弁護士の助手をしているシモンという若い男性に心引かれていきます。シモンは「おひるに電話するわね」といわれたら、ずっと待つような青年です。一時になってもかからないと、電話局に電話をして、故障してないか問い合わせをします。

これはもちろん彼のやさしさでもありますが、ポールの我慢ならぬところでもあります。彼は一日中、彼女の帰りを待ち続けているのです。

「シモン、こんなことをつづけていくわけにはいかないわ。もうこんなことを言うのは、これが最後よ。とにかくあなたは、働かなければいけないわ。だってあなたは、あたしにかくれてまで飲むようになったんですもの」

愛は人生の喜びですが、「あるがままの心の傾き」によって他の何も手に付かないというようでは困ったことになります。

プラトンの『饗宴』の中でアリストパネスが、昔の人間は今の人間とは違って、今の人間を二人合わせたのが一人の人間だったという話をしています。手と足は四本、顔は前後に二つ、目は四つ、口は二つという具合です。このように今の人間が二つ合わさったような人間は、力が強く、神々に従わないこともあったので、罰として、髪の毛でゆで卵を割るように、一人の人間を二つに割ってしまいました。そのようにして、人間の力を弱めようとしたのです。

アリストパネスによれば、愛（エロース）というのは、二つに分かれていたものが一体性を回復することにあります。もとの人間には男性も女性も、男女両性のもの（アンドロギュノス）がありました。この三種類の人間が二つに分けられた後、再び、本来の一体性を取り戻すのですが、男女が互いに引かれ合うというのは、男性と女性を両方を備えた場合だけであって、そうでない人間は同性的な結合を求めるわけです。

一体性を回復した人間は、いつまでも離れようとはしません。『饗宴』には、次のように書いてあります。

「さて、人間の本来の姿が二つに切断されると、その半身は皆自分自身の半身をこがれ、一緒になってしまう。そして、互いに腕で抱き、からみ合い、一つになることを欲し、また、別々に離れたままでは何一つする気にならないので、飢えや、その他一般に働こうとしないため、命も失うことになった」（プラトン『饗宴』）

しかし、そんなふうに相手との一体感によって夢中になっている時ですら、日々の生活は続いていくのです。当然、仕事もしなければなりません。学生であれば、勉強をしなければなりません、恋愛の他にも大切にしなければならない対人関係もあるはずなのに、好きな人との関わり以外は意味のないものと思い、他の人たちとの関係を軽んじていれば、気がつけば、まわりに誰もいなくなるということはありえます。

講義を聴いて一人の学生がいいました。「そうか、（恋愛以外の）他の時間を充実させたらいいんだ」と。彼や彼女のことばかりいつも思い続けるのは、美しい生き方かもしれませんが、愛だけで生きるというわけにはいかないのでしょう。

相手はいつも自分のことばかり見てくれているわけではありません。仕事もしているでしょうから、忙しい人は必ずしも自分が期待するようにふるまってくれるわけではありません。それなのに、彼や彼女のことばかり思っていたら、必ず不満が出てきます。どうすればいいのか、次章において具体的に見ていくことにしましょう。

第三章　愛の方法

心のスキンシップ

「誰とでも結婚できますね」といった大学生がいました。もちろんこれはいいすぎですが、基本的には、他者を仲間と見ることができ、よいコミュニケーションができ、なおそれに加えて、「なぜ」と言葉では説明できないことが起こって、人は誰かを愛するようになるのです。「恋愛に『なぜ』(why)はない。『どのように』(how)しかない」といっていた人がいましたが、なぜ特定の誰かに引かれるようになったかは、言葉では説明できませんし、できるように思えても、先に見たように、どれも後付けの理由でしかありません。

愛するということ

相手がいさえすれば恋愛はできると思っている人が多いということは既に問題にしました。次いで、愛されることよりも、愛することが基本であるということも見ました。この点について、さらに考えてみましょう。

お金や物の所有にこだわる人は多いです。フロムはこんなふうにいっています。

「ひたすら貯めこみ、何か一つでも失うことを恐れている人は、どんなにたくさんの物を所有していようと、心理学的にいえば、貧しい人である」（フロム『愛するということ』）

貧困がある程度を超えると、与えることができなくなり、与える喜びを奪うことになる、とフロムは指摘していますが、しかし、そのような場合でも、与えることはできます。与えることのもっとも重要な部分は、物ではなく、人間的な領域にあるからです。

物でなければ何を与えることができるでしょうか。フロムは次のようにいっています。

「自分自身を、自分のいちばん大切なものを、自分の生命を、与えるのだ」（フロム、前掲書）

これは、生命を犠牲にするという意味ではなく、自分の中で息づいているものを与えるということです。

「自分の喜び、興味、理解、知識、ユーモア、悲しみなど、自分のなかに息づいているもののあらゆる表現を与えるのだ」

「このように自分の生命を与えることによって、人は他人を豊かにし、自分自身の生命感を高めることによって、他人の生命感を高める」（フロム、前掲書）

子どもは母親に愛されますが、母親の子どもへの愛は無条件ですから、子どもの側は愛されるためにしなければならないことは何もありません。この経験は受動的なものです。このことの否定的な側面は、愛されることに資格はいりませんが、子どもが母親に愛されようと思っても愛は獲得できるものではないということです。

しかし、自分が何か特別なことをしなくても、自分が生きている、存在しているというだけで認められていると思えることは、自分の価値を認められるための重要な出発点です。自分が親になってよくわかったのですが、子どもに何か条件をつけようなどとは思いません。とにかくにも生きているということをいわば零点と見れば、問題があろうが親の理想と違おうが、どんなこともプラスに見ることができます。子どもは親がこのように自分のことを見ることを可能にするという意味で、そのままで貢献しているということができます。

やがて、自分自身の活動によって愛を生み出すという新しい感覚が生まれてきます。何かを贈ったり、詩や絵を作り出すことを思いつくのです。

「生まれてはじめて、愛という観念は、愛されることから、愛することへ、すなわち愛を生み出すことへと変わる」（フロム、前掲書）

さらに思春期になると、愛されるために、小さく、無力で、また病気であったり、よい子であったりするというのではなく、愛することを通じて、愛を生み出す能力を自分の中に感じます。フロムは次のようにいっています。
「幼稚な愛は『愛されるから愛する』という原則にしたがう。成熟した愛は『愛するから愛される』という原則にしたがう。未成熟な愛は『あなたが必要だから、あなたを愛する』と言い、成熟した愛は『あなたを愛しているから、あなたが必要だ』と言う」（フロム、前掲書）
成熟した愛に到達していない人は多いように思います。「あなたが必要だから、あなたを愛する」というのは誰でも考えることだといっていいでしょうが、「あなたを愛しているから、あなたが必要だ」とは考えたこともない人は多いのではないかと思います。

よいコミュニケーション

愛されることを願うことは必ずしも間違っているわけではありませんが、愛されたいのであれば、相手から愛される努力をする必要があります。

どんな努力をしなければならないかといえば、コミュニケーションをよくすることです。愛という感情があれば自動的によいコミュニケーションができるというわけではありません。よいコミュニケーションができず、それどころか、喧嘩をするようでは、その瞬間、二人の間から愛という感情は失せているはずです。

「よい」といっても、別にコミュニケーションが上手である必要はありません。この人と話していると楽しいという気持ちになれる時､愛の感情が芽生えます。たわいもない話であってもいいのです。自分をよく見せるために、自分が常はしないようなことを話してみても、そのような努力は長続きしません。

愛は流れ

フロムは、西洋の言語において、動詞よりも名詞が使われるようになったことの一つの例として、「愛」という名詞は、愛するという活動を抽象したものにしかすぎないのに、人間から切り離されて、実体化された、と指摘しています。活動や過程を「持つ」ことはできません。それらは、ただ経験されるだけなのです。

ですから、愛は持つことはできず、経験することができるだけです。その経験は、いわば不断に流れるものであり、刻々に変化します。一度、誰かを愛せば（愛を持てば、ということです）その人への愛が成就するというわけではありません。愛は不断にリアルタイムで変化していくものなので、愛を（正確には愛という過程を）更新していく努力が必要です。

しかし、その努力は、相手とのよい関係を築くことを目標とするのですから、苦痛ではなく、喜びとしての努力です。よい関係を築く努力をすることが生きる喜びになります。ある時、ふと幸せだと思える瞬間がやってきます。よいコミュニケーションができていると思える瞬間に、この人のことを好きだと感じられるのです。

このように愛は活動であり過程ですから「持つ」ことはできません。それなのに、愛が何か人が「持つ」もの、所有物になった時、人はもはや愛されようとする努力も、愛を生み出そうとする努力もしなくなります。相手を、あるいは、互いに相手をそんなふうに思ってしまった時、おそらく二人の間に流れる時間は「生きられた時間」(この言葉の意味についてはすぐ後で説明します)ではなくなるのです。そのようにならないように、不断に愛し続ける必要があります。これでよいという時はありません。自分の気持ちを相手に告白し、相手がそれを受け入れてくれたら、愛は成就するというような簡単な話ではないのです。

フロムは、人間が生きている上での二つの基本的な存在の仕方、即ち、「持つ」ことと「ある」ことを区別しています。まだ若かった母がある日脳梗塞で倒れ、長く意識がないままに病床にいました。その時、私が思ったのは、フロムの言葉を借りるとこんなことでした。

こんなふうに動けなくなった時に、名誉もお金も「持って」いても何も意味もないではないか、と。そんな時にでも、はたして生きる意味があると思えるものか。すぐにはこの問いに対する答えは出なかったのですが、フロムのいう「持つ」から「ある」への移行は、問題を解決する鍵になると思いました。

「もしも私が私の持っているものであるとして、そして私が持っているものが失われたら、その時、私は何ものなのか」（フロム『生きるということ』）

「しかし」とフロムはいいます。「ある」様式においては持っているものを失う心配も不安もない。なぜなら、私は持っているものではなく、「ある」ところのものだから、と。

「持つことは、何か使えば減るものに基づいているが、あることは実践によって成長する」（フロム、前掲書）

燃えてもなくならない「燃えるしば」は、聖書におけるこの逆説の象徴です。モーセが神の山ホレブにくると、ヤハウェの使いが、めらめらと燃えている柴の中でモーセに現れました。よく見ると、不思議なことに、火が柴をなめているのに、柴は燃え尽きなかったのです。

「見よ、柴は火に燃えているのに、柴は燃え尽きない」（『出エジプト記』）

燃える柴は燃えてもなくなりません。燃え尽きることがないように、薪をくべる必要はありますが。愛は典型的に「ある」ことなのです。それは持つものではありませんから、失われることを怖れる必要もありません。

先に見た嫉妬というのは、愛を持てるものと思っていることから起こる感情です。どんなに自分が好きな人であっても、それを持つことはできないわけですから、繋ぎ止めることはできません。

生きられた共時性

私は今「生きられた時間」という言葉を使いましたが、これは、ミンコフスキーの「生きられた共時性」（synchronisme vécu）という言葉を念頭において使ったものです。親と子どもが、あるいは夫婦やカップルは、同じ場所で生きた時間を共有することができます。満員電車の中でも人は、たしかに同じ場所と時間を共有しますが、たまたま同じ場所にいあわせても、そこには関係は生じません。鷲田清一の言葉を借りるならば、他者と時間を縒《よ》りあわせ、同じ時間をともに経験することで初めて二人の間に関係が生じるのです（鷲田清一『「聴く」ことの力——臨床哲学試論』）。

相手を愛しているからといって、自動的に、この生きられた時間を共有できるわけではありません。むしろ同じ時間を共有できるからこそ、相手を愛していると感じられるようになるというのが本当でしょう。この点については、後にも取り上げますが、せっかく一緒に今いられるのであれば、その時間を死んだものではなく、生きたものにしたいのです。

対等の関係

アドラーは、あらゆる関係は、対等でなければならない、と考えました。大人と子どもは対等である、といえば、驚く人があります。大人と子どもが同じだといっているわけではありません。知識と経験、取れる責任の量を考えれば、大人と子どもが同じはずではありません。しかし、大人と子どもは、同じではないけれども、対等である、と考えるのです。この点については、先にも述べました。

このことは、男女にも当てはまります。さすがに、今の世の中で、男女は対等ではない、と公然という人は多いとは思いませんが、それでもなお、意識の点では、自分が上だと思っている人は多いように思います。

「毎週どこかに連れて行ってやっている」とか、「経済的には何の不自由もさせてない」と豪語する男性は、そのように思い、実際に、発言もすることで、相手を自分より下に見ているということに気づいていません。

家族はどこかに父親と一緒に行って楽しんだのであって、決して、連れて行ってもらったわけではありません。経済的に優位ではないということも、決して、劣っていることを意味しません。

外での仕事と同じく、家事は重要な仕事です。昼間は外で働いているのだから、夜、自宅に帰ってまで家事をしたり、子どもの世話をすることなどできないという人は多いのですが、昼間は家事ができなかっただけであって、家に帰ってきた時は家事をしてもいいのです。そのように考えて、昼間、外で働いている、あるいは学校に行っている家族に家事の分担をお願いすればいいのです。

専業主婦は夫から養ってもらっているのに、どうして対等などということをいえるのか、といっている人がいて驚いたことがあります。子どもが親に何かのことで改善を要求しようものなら、親に学費を払ってもらっている間は文句をいうな、というようなことをいう親もいます。そんなことをいわれたら、子どもは経済的に自立することはできないので、親のいいなりにならないといけないことになってしまいます。

分業については、先に見たように、その基準は偏見があってはなりません。分業の中身が固定して決まっているわけではありません。このことを踏まえて、男女が協力して生きていくことは、結婚生活が円滑に進むための重要な要件になることは間違いありません。世間がどうであれ、二人で話し合って、得意な分野を担当すればいいだけのことです。

今日、男女が共に外で働くことはめずらしいことではありませんし、外で働くことを選ぶというよりも、そもそも二人が働かなければ生きていくことが困難であることも多いでしょう。ところが、男女が同じように働いていても、男性が家事や育児に協力しないことは、残念ながら、今もよく聞きます。

アドラーは、

「もしも男性か女性のどちらかが、結婚した後に、相手を征服したい、と望むのであれば、結果は致命的なものになるだろう」

といっています（『個人心理学講義』）。

このことは結婚した後だけに限らないように思います。結婚する前は、相手に嫌われたくないので、おとなしくふるまっていようと思う人はあるかもしれません。最初から相手を征服しようと思っていなくても、イベントではなく生活である結婚においては、いつまでも自分のいいところばかり見せるというわけにはいかないでしょう。

アドラーが、「男性か女性のどちらかが」といっているのも、私はおもしろいと思いました。女性の方が征服者であるカップルはめずらしくはないからです。ともあれ、アドラーは、相手を征服することを期待して結婚することは、結婚の正しい準備ではない、と考えています。

男性が女性を守るとか、幸せにするということにも注意していいでしょう。二人が力を合わせて幸福になる努力をするのであって、どちらが相手を幸福にする、あるいは幸福にしてもらうという発想は、二人が対等であると考えているカップルであれば、決して出てこないでしょう。

それでは、どうすれば結婚に向けて正しく準備することができるでしょう。その準備は既に恋愛の時から始まっています。アドラーは、共同体感覚の訓練だといいます。このことの一つの意味は、既に見たように、他の人に関心を持つことです。アドラーは、それぞれのパートナーが自分のことよりも、相手にこそより関心を持たなければならず、このことが愛と結婚が成功する唯一の基礎である、そして、相手により関心があれば、二人は対等であるに違いない、といっています（『人生の意味の心理学』）。

先に見た、眼鏡を拾うために、もう少しで彼女を突き倒すところだった男性が、自分のことにしか関心を持っていないのは明らかです。一人っ子について、先に人に合わせることが上手でないと書きましたが、一緒に歩いている時でも、自分のペースで歩き、相手がついてこられていないことに気づかない人があります。他の人に関心があれば、このようなことは起こりません。

カップルについていえば、二人のうちの一人が、相手をいつも教育したいと思ったり、いつも批判ばかりしているということも、結婚への準備ができていない、とアドラーはいっています。対等であることがどんな関係においても必要なので、どちらかが相手をいつも教育をしたいと思うことは、関係のあり方として望ましくないわけです。

先に見たように、人に愛を強制したり、自分を愛されるように相手に仕向けるという関係も、対等な関係とはいえません。

黙っていたら何も通じない

方法としては上手とはいえませんが、喧嘩という形でもコミュニケーションがある方が、ないよりもはるかに望ましいといえるかもしれません。喧嘩は主張の方法としては適切ではなく、どちらが正しいかということをはっきりさせるということだけが関心事になって、目下問題になっていることの解決には繋がりません。

それでは、どうすればいいかは、すぐに後に見ますが、その前に、反対に、何もいわなくても、自分が何を感じ、思っているかが相手にわかってもらえると思っている人について問題にします。

どんなに困っていても、また、そのことが誰にも明らかなことに見えても、自分が何もいわなければ助けてくれるわけではありません。援助を乞えば、他の人は困っている自分を助けてくれるかもしれませんが、それとて、その人の善意であって義務ではありません。

ですから、自分でできることやしなければならないことであれば、他の人に援助を乞うてはいけませんが、自力でできないことについては、言葉でお願いすればいいのです（その方法は次に見ます）。できないのに、あるいは、どうしていいのかわからないのに、たずねもしないで仕事をしようとする人は、たずねることを恥ずかしいと思ってたずねないので失敗することがあるので、まわりが迷惑することになります。

自力ではできないにもかかわらず、他の人に援助を求めないで、困っていることを察してもらったり、思いやられることを期待してはいけません。黙っている限り、自分の思いは伝わりません。黙っていれば自分の気持ちはわからないのですから、わかってくれない相手に怒るいわれはありません。

思いやることも、思いやられることを期待することも対等な関係ではありません。なぜなら、そうすることは相手が自分では何もできないと見なすことであり、少なくとも、依頼することができないと見なすことだからです。

このことは、自分が好意を持っているということを何とかして伝えたいと思っている場合も同じです。してほしいこと、してほしくないことは、はっきりと言葉で伝えるしかありません。好きな人への自分の思いも、変化球を投げるようなことはしないで、ストレートの直球で伝えるのが簡単です。

しかし、相手から拒まれるのが怖い人は多く、そのような人は最初から諦めてしまいます。最初の一歩をどう踏み出せばいいかについて、よく相談を受けます。

「『嫌い』っていわれたらどうしたらいいのですか」

「『私はあなたのこと好きです』といってみたら」

「いいんですか、そんなんで」

「いいかどうかわからないけど、あなたの気持ちは、そういわれたからといって、変わるのですか」

「いいえ……」

「それなら、気持ちを伝えてもいいのではありませんか」

こういってみても「はい」という答えが返ってくることはあまりなく、ストレートの直球を投げるという私の助言に抵抗する人は多いのですが、最初の一歩を踏み出さなければ、何も起こりません。

もしも、こんなふうに自分の気持ちを伝えても、「あなたのこと、大嫌い」というような答えが返ってくれば、脈があるといえます。なぜなら、「嫌い」といえるためには、何らかの関わりや気持ちの交流があるからです。「あなたのことなんか知らない」といわれるよりも、はるかに関係は近いといえます。

そこで、「嫌い」といわれたら、

「それでは、どうしたら嫌いではなくなることができますか」

とたずねることができます。

このようなストレートないい方をすることに抵抗のある人は多いです。そこで「あなたが好きです。私を好きになってくれませんか?」といわずに、相手を怒りや悲しみの感情を使って自分に従わせようとしてみたり、病気になって注目を引こうとするということがあります。

しかし、そのような方法では、相手に振り向いてほしいという目標を達成できるどころか、相手が自分から離れていくということも大いにありうるのです。そのようなことをしなくても、注目を得ることができるのであれば、そちらの方法、つまり、今見たようにストレートに自分の気持ちを伝えるという方法を誰もが選ぶことでしょう。

もちろん、「私のことを好きになってくれませんか?」といってみても、相手がそれに応じてくれるという保証はありません。しかし、その場合、それ以外の方法で、好きになってもらえるかといえば、どのみちそれはできないことなのです。

これまでのところ、ストレートのいい方をすることを勧めましたが、恋愛の場合、それではあまりに身も蓋もないと思う人もあるかもしれないので、今まで書いたことと相容れないではないかと思えることも書いておきます。

ある時、友人にラブレターの書き方について教えてもらったことがありました。もちろん教えられた通りにそのまま書けばいいのだと思うほど単純な私ではなかったので、教えられたとおりに書こうなどとは最初から思ってはいなかったのですが、その時に出された課題はおよそラブレターとは縁遠いものに思えました。

「今日、辛子明太子を食べました」で始まる三行のラブレターを書きなさい。

後に同じ課題を学生に出すと、学生の一様な反応は「なんで辛子明太子！」というものでした。もっとロマンチックなものだったらいいのに、と私は思いました。

「今日、辛子明太子を食べました。

買い物に行った時はもうスーパーの閉店間際の時間でした。

半額で買えたのでうれしかったです」

これではラブレターにはなりません。ただ事実（事柄）を書いただけだからです。

その時、こんな注意を受けました。

「感情表現を使わないこと。『あなたのこと大好きです』というような直接的な表現はしない方がいい」

「どうして？　わかりやすいのでは。何事もストレートでいうのがいいのではなかった？」

「いや、だめです。書いた人の気持ちを汲めるかどうかは読んだ人に委ねるのです。ラブレターは説明文ではない。ラブレターは文学です」

なんだかめんどうなことになってきたと思いました。ただ事実を書いてもだめだし、「好きです」と書いても駄目。私はない知恵を絞ってさらに考えました。結局、私には適当なラブレターの文面は思い浮かびませんでした。友人は、次のような例をあげてくれました。

「今日、辛子明太子を食べました。前はあんなに嫌いだったのに今日はおいしく食べることができました。何かが私の中で変わってきているようです」

なるほど、たしかにこれはラブレターだと思いました。私はたずねました。

「これを読んでラブレターだとわからない人はどうしたらいいんですか?」

答えは単純明快でした。

「諦めなさい」

間接的ないい方はやめよう

話をもとに戻すならば、相手についての自分の思いに限らず、主張したいことがあれば、ストレートに主張すればいいのです。それなのに、ストレートに主張することにためらいを感じてしまうことがあります。自己主張することをいやがる傾向はあります。

主張しないことが美徳であるかのようにいわれることもあります。このことの背景としては、主張しなくてもわかってもらえて当たり前と思う人、他方、頼まれなくても何をしてほしいと思っているかは、わからないといけない、と思う人がいるということがあります。このことが気くばりとか、思いやりというい方で勧められることすらあります。

非主張的であるからといって、実際には、まったく何も主張していないわけではありません。実際には、態度、そぶり、雰囲気などでしっかり自己主張しているからです。これ見よがしにドアを大きな音を立てて閉めてみたり、涙を見せることでまわりの人の気を引いたりするのです。

また、もう少し複雑ですが、こんなことも考えておく必要があります。言葉には、状況を表す言葉と、他の人に何かをしてほしい時、あるいは他の人の要求を断る時に使う言葉があります。前者は、「今日は暑いですね」というような言葉で、後者は「エアコンの設定温度を下げてくれませんか」というような言葉です。

言葉としては状況を叙述する言葉よりも、他の人に何かを要求したり、他の人の要求を断る言葉の方が、他の人を巻き込むのではるかに難しいのですが、対人関係で問題になるのは、目下の状況を語ることで、実は相手に要求したり、相手からの要求を断ったりすることがあるということです。

例えば、「今日は暑いですね」というのは、状況を語る言葉ではありません。つまり、それは実は、暑いのでエアコンのスイッチを入れてほしいという依頼なのです。

こんなことであれば、すぐにわかるでしょうが、問題は、直接ではなく間接的に人に何かを頼むことが謙虚であると考えている人が、もしもその発言の真意を他の人に理解してもらえず、ただ「そうですね」というような応答があった時に起こります。

「おなかすいた」

「そう……私もおなかすいたよ」

これでは通じません。自分の思いを人からわかってもらおうと期待しないことです。

「何か作ってくれない？」「何か食べるもの買ってきてくれない？」「食べに行かない？」……一言こういえばすむことなのです。

このような間接的な仕方でしか主張していないのに、他の人が自分の意図を理解しない時、最後は攻撃的になるか、主張はひっこめるけれども、復讐的になることがあります。相手に何かを要求した時相手がそれを引き受けてくれればいいのですが、相手がそれを断れば怒り、怒られた人は怖れをなして要求を引き受けてしまいます。これが「攻撃」的なコミュニケーションです。

他方、主張は引っ込めるけれども、引き際に相手を傷つけるようないい方をするのが、「復讐」的なコミュニケーションです。「夕食の後に犬を散歩してくれない」「今日は疲れてるんだ」「いいわ、その代わり、今日は夕食はありませんからね」というようなやりとりになります。どんな場合も人を傷つけていいということはありません。

もしもこのままコミュニケーションを続ければ、必ず攻撃的な、あるいは復讐的なコミュニケーションになることがはっきりしていれば、「非主張」的であること、つまり何もいわない方がいいくらいです。しかし、何もいわなければ、長い目で見れば、コミュニケーションを損なうというのも明らかです。他の人に自分が何を考えているかわからないからです。

思いやりや気配りをすることで、本当に他の人の考えていることがわかればいいのですが、そして、そういう努力をすること自体に問題はありませんが、他の人に、自分が何もいわなくても自分が何を感じ、思っているかを理解してほしいと期待することは、コミュニケーションを悪くするので避けた方が安全でしょう。

言葉遣いに注意する

敬語を使う必要はないと思いますが、言葉に注意を払うことは二人の関係をよくするために大切なことですから、次の二つのことに注意するといいでしょう。

一つは、何かしてほしいことがあれば、決して、「命令」しないということです。対等の関係であれば、そもそも、命令することはできません。命令というのは、「いや」という余地を残さないいい方です。「〜しなさい」はもとより、「〜してください」ですら、そんなふうにいわれたら、断ることは難しくなります。

そうではなくて、相手に「いや」という余地を残すために、「お願い」するといいでしょう。二つのいい方があります。一つは、「～してくれませんか（くれない）？」というように、疑問文を使います。もう一つは、「～してくれると助かる（嬉しい）」というように、仮定文を使います。「いや」という余地を残すいい方ですが、実際には、このようにいうと、依頼をきいてもらえることが多いです。

そして、こちらの要求をきいてもらえば、そのことについて「ありがとう」というのです。そうすれば、相手は貢献したと感じることができます。こういうことも、関係をよくするために必要なことですが、関係がよくなるわけですから、これも喜びとしての努力ということができます。

共感の必要

対等の関係を築くことの他に必要なことは、共感能力を高めることです。

誰かのことを恋い焦がれていると、つらい思いをするという人があります。自分の思いが相手に伝わってないことと、相手の気持ちがわからないことによるものですが、この段階では、まだその人との関係は始まってないので、この段階で思い悩むことはあっても、その後に待ち受ける大きな困難を思えば何ということもありません。

相手を知るためには共感できなくてはなりません。アドラーは、自分を他者と同一視する能力だといっています。家庭生活に適切に準備できている人がほとんどいないのは、「他の人の目で見、他の人の耳で聞き、他の人の心で感じること」を学んでこなかったからだ、とアドラーはいいます（『個人心理学講義』）。

これは言葉としては理解できますが、実際には、簡単なことではありません。実際のところは、私の目でしか見ることはできないからです。しかし、「自分だったら」（どう見るか、どうするか）という発想から抜け出さない限り、他の人がどう感じ、考えているかを理解することはできないのです。

それなのに、自分の尺度で人を見る限り、自分との違いに気づくことはありません。そのため、相手を誤解することになり、そのことが二人の関係を損なうことになるのです。親しいから、あるいは、相手を愛しているからといって、相手を理解できるわけではありませんし、理解できないことが問題ではありません。実際、理解できないこともあるからです。あなたのことは何でもわかっているといわれたら嬉しいでしょうか。嬉しいかもしれませんが、「何でも」といわれたら、どんなに親しい人であっても、自分のすべてが理解できるわけはないと思うのではありませんか。

問題は、自分が相手を理解できていないかもしれないとは少しも考えないところにあります。他の人は自分と違った見方をするとは思わず、したがって、相手を理解しようとする努力をしないことが問題なのです。

そこで、相手を理解しようとするためには、「自分だったら」という視点から抜け出し、相手の立場に身を置くこと、自分を他者と同一視することが必要になってきます。「理解する」というのは、「自分を相手と同一視する」ことです。

アドラーは、こんな例をあげています（『教育困難な子どもたち』）。劇場では、俳優の役に、本を読んでいる時には、主人公の役に共感します。綱渡りの曲芸師が、ロープの上でよろめいたら、自分が落ちるかのように思い、多くの聴衆の前で話をしている人が、話の途中で突然先に進めなくなったら、自分も恥ずかしい目にあったかのように感じるのです。

わからないと思って付き合う

そもそも相手を理解することは不可能であるということを前提に付き合う方が、人はわかり合えるものだと考えて付き合う方よりも安全といえるかもしれません。わかると思っていて、相手が自分の理解を超えることをいったりすれば、驚いたり、とまどったりしてしまいますが、互いをいわば異星人だと思って付き合えば、相手の感じ方、考え方について、多少の違和感があっても、そのことは二人の関係をよくすることの妨げになることはありません。

何もかもわかり合えることはできないけれども、それを前提として、なお「他の人の目で見て、他の人の耳で聞き、他の人の心で感じる」という意味での「共感」が重要だとアドラーがいうのです。

たとえ、理解できたとしても、そのことと相手の考えに賛成することとは別のことです。あなたのいうことは理解できる、でも賛成できないということはあります。そのことも、二人の関係をよくすることの妨げにはならないでしょう。

相手にたずねる

長く付き合っていても、相手のことがよくわからないことはあります。その人のことについてわからないということもありますが、自分の言葉を相手がどう受け止めたかわからないということもあります。

そんな時は、たずねてみるしかありません。この話を学生にしたところ、「そんなのめんどうだ」という学生がいました。たしかに、めんどうかもしれません。しかし、きちんとたずねるという努力をすることで相手を知ることができるのです。したがって、そうすることは相手との関係をよくすることであるわけですから、これは喜びとしての努力である、と私は説明しました。

勝手に相手をイメージしない

「理解する」は、フランス語では comprendre といいます。この言葉は「含む」とか「包摂する」という意味ですが、人は必ず私の理解から（包摂されることはなく）はみ出すのです。

それにもかかわらず、例えば、親が子どもについて、「子どものことは親である私が一番よくわかっている」といったとしたら、子どもはそのような親の発言を認めることはできないでしょう。自分が好きな人であっても相手から「あなたのことは何でもわかっている」といわれて手放しで嬉しい人は少ないのではないでしょうか。そのようにいう人は、実際には相手について知らないこともあるはずなのに、その点には目を向けようとはせず、相手に自分の理想を当てはめようとしているだけのことが多いように思います。

付き合う前にもこのことは起こります。言葉を一度も交わしたこともない時には、自分が憧れている人のことを知っているとはいえません。

相手についての印象が自分の思いこみにすぎず、間違いであったことに気づくためには、二言三言話すだけで十分です。言葉を交わすことによって、相手を誤解する危険から脱却することができます。もちろん、言葉を交わしても、強い思い込みのある人は誤解するでしょうし、自分の理解を超えることは聞いていないかもしれません。

このようなことから、私はいわゆる「一目惚れ」というのはありえない、と考えています。森有正が、初めて女性に郷愁に似た思いと憧れ、そして、かすかな欲望を感じた頃のことを書いています（森有正『バビロンの流れのほとりにて』）。実際には、森は憧れた女性とは一言も言葉を交わしていないのです。何ら言葉を交わすことなく、夏が終わり、彼女は去ってしまいます。

そんな彼女なのに、「全く主観的に、対象との直接の接触なしに、一つの理想像を築いてしまった」のです。そのような理想像は、彼女ではなく、森がイメージした原型でしかないのです。ある意味で、森は彼女と言葉を交わさなくてよかったのかもしれません。彼女は永遠に森の中で、「原型」として生き続けることができたのですから。しかし、付き合う人が、このような「原型」であっては困るのです。

邂逅

マルティン・ブーバーによると、私の世界に対する態度には二種類あります。一つは「我‐汝」関係、一つは「我‐それ」関係です。「我‐汝」関係においては、私はあなたに全人格をもって向きあいますが、「我‐それ」関係においては、私はあなたを対象（それ）として経験します。先に見たcomprendreという意味での理解は、相手を対象化することに他なりません。

「私は汝（Du）との関係において我（Ich）になる。私は、我（Ich）となることによって、汝（Du）と語りかける。すべての真の人生は邂逅（Begegnung）である」（Martin Buber, *Ich und Du*）

言葉も交わさず、人を対象化するような「我‐それ」関係においては、真のあなた（汝）に邂逅することはできません。一目惚れであっても、自分が過去において知った人についてのデータに基づいて、今初めて会う人を類推しているにすぎません。人を対象化しない邂逅とはどういったものか、考えてみなければなりません。

私は私だけでは「我」にはなれません。私はあなたとの邂逅によって「我」になり、そのような私が、あなたを「汝」と呼ぶことができます。邂逅の後の私は、もはやそれ以前の私ではありません。新約聖書には次のように書かれています。

「生きているのはもはや私ではない。キリストが私の中に生きている」（『ガラテヤの信徒への手紙』）

ブーバーの表現に従えば、最高の邂逅の瞬間から出て行く時には、これに入っていく前とは違った人間になります。

「汝」としてのあなたに全人格的に向きあう「我‐汝」関係においては、ブーバーは邂逅（Begegnung）という言葉や、Erlebenという言葉を使っています。これは「事物の表面を歩きまわる」（er-fahren）という意味（対象として認識する）の「経験」とは区別して、（訳語を区別するならば）「体験」（Erleben）です。即ち、あなたを「生きる」（leben）ことであり、フロムの表現を借りるならば、あなたとの経験の中に「ある」ことです。このような邂逅が相互的であり、影響を与え合うのであれば（と私は考えるのですが）二人の邂逅は「共生」（mitleben）であるということができます。

最初に、フロムは、相手さえいれば恋愛は成就すると考えるのは間違いだといっているということを見たのですが、もしもこの相手と今いわれたような意味での「邂逅」をするというのであれば、話は違ってくることになります。

もちろん、普通にいわれる意味での出会いは邂逅ではありません。そのような相手を対象化するような出会いをいくら重ねても、何も起こらないでしょう。

人生における縁

辻邦生が幸田文に会った日のことを次のように語っています。この日二人は「人生における〝縁〟」というテーマで対談をしました。辻はこの時五十代の半ばでした。幸田は歯切れのいい清楚な色気にあふれていました。夏の着物を着た幸田は、背をしゃんとしてこんなふうに話しました。

「今日は本当によいご縁をいただきました。ただにおりましてはね、私、多分辻さんにお目にかかるご縁はなかったと思いますんですよ。まるで違う世界におりますし、歳もたいへん離れておりましょ。やはり、これは私の七十七の夏にちょうだいした一つの得がたいご縁と思って、それで今日はうかがいましたの」（辻邦生、水村美苗『手紙、栞を添えて』）

「ただ」にいては会えないような人に、この人生で出会えたことの喜び。それまでの人生が一つでも違っていたら、会えなかったはずなのです。出会うだけでは恋愛は成就しませんが、出会いを、ここで幸田文がいっているような「縁」にまで高めることができれば、あるいは、ブーバーがいう「邂逅」に高めることができれば、出会いは偶然以上のものになるでしょう。

仏典の『涅槃経』に「盲亀の浮木」という言葉が出てきます。深海の底に住む巨大な盲目の亀が何千年か何万年に一度だけ海面にその姿を表す。その時に、穴の空いた流木が浮かんでいてたまたま亀がその穴に首を突っ込む。それほど稀な偶然を表す言葉です。

人と人との邂逅もこれほどまでに偶然的なものといっていいでしょうが、この比喩では、出会いが稀有であることは表されていますが、ただの出会いを邂逅に「高める」という意味合いが出てこないように思います。

啐啄同時《そったくどうじ》という言葉があります。鶏の卵がかえる時、雛が殻を中からつつくのと、時と場所を同じくして、母鶏が外から殻を噛み破るということがなければならないということです。

人が人と出会うためには、そのきっかけは外からしかこないかもしれませんが、会っていても、こちらの側の準備が整ってなければ、出会いは偶然のものに終わり、意味のある出会いにならないということもあるわけです。

就活と並んで婚活という言葉があります。仕事の場合、理論的にはどんな仕事にも就けそうなものですが、実際には、振り返れば、ある（例えば）会社に入ったことは偶然であることが多いように思います。

人との出会いも、仕事の選択と似ているところがあります。保坂和志の小説にこんな言葉があります。

「愛するっていうのはそういうことなんだ。愛っていうのは、比較検討して選び出すものじゃなくて、偶然が絶対化することなんだよ。誰だって、親から偶然生まれてきて、その親を一番と思うようになっているんだから、それが一番正しい愛のあり方なんだよ」（保坂和志『カンバセイション・ピース』）

それでも、偶然を絶対化するのは自分であって、ただ出会えばいいというものではありません。

個人的に人を愛するということ

神谷美恵子は若い時、恋人を失いました。神谷は『生きがいについて』の中に「将来を共にするはずであった青年に死なれた娘の手記」を引用しています。

「……もう決して、決して、人生は私にとって再びもとのとおりにはかえらないであろう。ああ、これから私はどういう風に、何のために生きて行ったらよいのであろうか」（神谷美恵子『生きがいについて』）

太田雄三は、この手記が神谷自身の手記であったことを現存する神谷の手記を引いて論証しています（太田雄三『喪失からの出発――神谷美恵子のこと』）。

神谷は、それ以後は誰をも、男性をも impersonal にしか愛せなくなった、と書いています。インパーソナルに個人としてではなく人を愛することはできるのでしょうか。「impersonal に愛する」とは、神谷によれば、えこひいきのない公平な態度で愛するという意味ですが（その意味では聖人の愛をイメージできます）、神谷はこのような自分を病気であるといっています。

このような愛が可能かどうかは措いておき、impersonal な愛の対極はパーソナル（personal）な愛ということです。神谷はヤスパースの *Psychologie der Weltanschaung*（『世界観の心理学』）を読み、その中に自分のことがそのまま書いてあると感じる個所に出会います。

それは神谷自身のように、絶対的な愛を捧げた男性を亡くした少女についての記述で、「それ以来一人として彼女が個人として出会う人はいない」と書いてありました（太田雄三、前掲書）。太田はこのヤスパースの引用の中の individuum（個人）という言葉について、次のように注意しています。

「Individuum というのは外のだれとも代替のきかない人間という意味であろう」

この individuum（ラテン語）は英語では individual に相当するのですが、元の意味は「分割できない」という意味であり、アドラーが創始した、今日、創始者の名前をとってアドラー心理学と呼ばれる個人心理学は、分割できない個人を扱う心理学という意味です。この心理学は、法則定立的ではなく、個性記述的である、といわれます。同じ人は二人といない。一般的な人ではなく、目の前にいる「この人」を見ていかなければならないということです。

愛も人一般を愛する、即ち、impersonal に愛することは意味がない、あるいは、不可能ではないか、と私は考えています。

先に、「あなたは好きだけど、あの人は嫌いよ」といわれても愛された気がしない、と書きました。

あなたも、あの人のことも愛することができるけれども（impersonal）、あなたを誰よりも愛している（personal）というのが本来であり、impersonal な愛は、personal な愛の基礎としてあるのです。personal な愛というのは、他の人に換えることができない「無二」の「私」が同じく無二の「あなた」を愛するということです。

互いのライフスタイルを知る

初めから二人がよい関係を築けるわけではありません。失敗を重ねながら、互いのライフスタイルを知り、互いが対等であるという意識をしっかり持って、二人が生活していく中で出会う問題に対処していく努力をしていけば、愛の課題を適切に解決することは可能です。

今、「互いのライフスタイルを知る」と書きましたが、先に見たように、共感ができれば、ライフスタイルの違いは、大きな問題になりません。むしろ、ライフスタイルが違う方がうまくいくこともあります。

同じタイプ同士だったらうまくいくと考える人も多いのですが、相手が自分と同じタイプだとかえって関係がうまくいかないこともあります。なぜなら、互いによく似ているので、感じ方、考え方が手に取るようにわかるからです。

たしかに、相手が自分とまったく違ったふうに感じ、違った考え方をすると、驚き困惑しますが、自分とは違う考え方、感じ方があることを知ることで、自分だけでは知りえなかった見方を学び、そのことで、いわば人生の楽しみ、喜びが倍増するといえます。

私はよく妻と写真を一緒に撮りに行きます。当然、同じ景色や、鳥や蝶を撮るのですが、同じ写真は決して撮れません。同じ方向から同じものにカメラを向けていてもです。同じ被写体でも、どこに重点を置くかは違うのです。だからこそ、後で写真を見比べた時、おもしろいので、自分と同じ写真を妻が撮っていれば、一緒に写真を撮りに行く意味すらないといえます。

いろいろな意味で違うということは、関係がよくないことの原因にはなりません。

課題達成重視型と対人関係調整重視型

人は一人一人皆違いますから、まったく同じライフスタイルを持っている人はいないはずです。そのため、アドラーはライフスタイルを類型に分けるというようなことは通常はしません。しかし、恋愛関係がどうすればうまくいくかを考えるためのヒントになると思うので、大ざっぱな分け方ではありますが、「課題達成重視型ライフスタイル」（以下、課題型と略記）と「対人関係調整重視型ライフスタイル」（以下、対人関係型と略記）について見てみましょう。

前者は、目下問題になっている課題の解決だけに関心がある人のことをいいます。そのような人にとっては、課題を達成することだけが重要であり、その際に生じる対人関係上の摩擦については少しも気にしません。

学生であれば、試験を受けた直後に答案を自己採点できる人です。本番の試験でよい成績が取れなければ困りますが、それに先立つ模擬試験であれば、何点を取ったかではなく、すぐに採点をすることで、自分がまだ十分に理解できていなかったこと、覚えられていなかったことを知ることこそ重要だと考えます。この場合は、成績がよくなかったからといって対人関係上の摩擦が起こることはありませんが、悪い成績を取ったらどう思われるだろうと気にすれば、成績という課題というよりは、対人関係の方により関心があるということができます。

教師も教える時に間違うことがありますが、間違えれば訂正すればいいのであって、教師として恥ずかしいことではありません。自分が知らないことを学生から質問されたら、「次までに調べてくる」といえばいいのです

後者は、課題の解決よりも、それをめぐる対人関係の方を第一義的に考える人のことです。このような人は、課題を解決すること自体には、実は、あまり関心がなく、課題解決の手続きにこだわります。自分が知らない間に事が進んでいて、事後承諾になることを愉快には思いません。合理的な解決であっても、自分が立てられなければ怒るという人もいます。

課題型の人は、付き合っている相手が対人関係型であれば、課題そのものの解決にはさほどの関心がないことを知っていなければなりません。後に結婚について考えますが、親に結婚することを

報告するという場面で、親が対人関係型であれば、事後承諾にしない方がいいでしょう。もちろん、結婚は本人同士が了解できていればいいので、親の意見などは問題にしなくてもいいのです。反対する親には勝手に怒らせておくというのも一つの方法ではありますが、あまり争いを好まない人は、少しばかり、対人関係型の親に報告する時に作戦を立てる必要があります。

「実は、結婚したいと思っている人がいるの。この話はお母さんにはまだいってない。お父さんに最初に相談してる。もしもお父さんが反対するのなら、この話、なかったことにしてもいい」

例えば、こんなふうにいってみるのです。

父親は、娘が誰と結婚するか（これが今、問題になっている課題です）にはあまり関心がありません。しかし、この話が既に父親が知らないところで決まっていて、事後承諾であったということが判明すると、父親に反対される可能性は高いのです。

他の例をあげるならば、相手が無理な要求をしてきた時に「できない」という一言で終わらせると関係がこじれてしまいます。要求を受け入れることに向けて努力をしていることがわかれば、たとえ実際に要求が受け入れられなくてもいいのです。

対人関係型の人は、付き合っている相手が課題型であれば、どこまでも課題のことだけを考えていることを知っていればいいのです。対人関係型の人が課題型の人に電話をかけました。ところが、電話が繋がりません。対人関係型の人は何かよくないことが起こっているのではないか、と胸騒ぎを覚えたり、相手に嫌われたのではないかという不安が膨らみます。

でも、そうではなかったのです。バッテリーの残量を見たらほとんどなかった、帰る時に電話ができなかったら困るので、講義中の今は電話をできないのだから電源を切っておこう、と考えたのでした。相手から電話がかかってきた時に、繋がらなかったら、どう思うかというようなことは考えないのです。こんなことがわかっていれば、対人関係型の人は悩む必要はありません。

先にメールの数が減った人のことを書きましたが、このような時でも、相手はただ忙しくてメールを書けないのだと割り切れたらいいわけです。

反対に、課題型の人は対人型の人が自分とは違って、やっかいなことを考えるということは知っておく必要があります。ですから、必要があれば携帯の電源を切ればいいのですが、その前に、一通、バッテリーが切れそうなのでしばらく電源を切るというメールを送っておけばいいのです。面倒だと思う人があるかもしれませんが、ちょっとした手間をかけることが関係を悪くしないために必要です。

対人関係型の問題を強調しすぎた感はありますが、このタイプの人は誤って、あるいは過剰に人の気持ちを読みすぎるところがあります。そこで、必要もないのにくよくよと悩んでしまうことがありますが、人の気持ちを推し量る程度が適切で、かつ正しければ、対人関係を円滑にすることができる人であるといえます。

相手に何ができるかを考えよう

こうして、可能な限り、相手を知ろうとする努力をすることは、相手に関心を持てるからこそできることです。相手を理解した上で、この私は相手に何ができるかを考えたいのです。自分のことにしか関心がなく、この人は一体私に何をしてくれるだろう、どうすれば愛されるかということばかり考えている人は、行き詰まることになります。

私はこの人に、あるいは、この状況で何ができるだろうかと考えられるようになるためには、トレーニングが必要かもしれません。

自分には何ができるかを考えられない人は、関係がこじれたら、自分を悲劇の主人公であるかのように思ったり、相手を責めることしかしません。そのような時でも、私は何ができるかと考えられる人は、関係を改善する突破口を見つけることができるかもしれません。

素直になろう

素直になれないという人がいます。

「それでよく喧嘩をしてしまいます。どうしたら素直に優しくなれますか」

このようにいう人は、優しくなれないというよりは、優しくならないでおこうと決心しているように見えます。優しくなれない理由ならいくらでも探し出すことができます。過去の失恋でも、自分の性格でもいいのです。しかし、それは探し出されたどんな理由も本当の理由ではありません。優しくしないでおこうと決めているからであり、その決心を後押しする理由を後から探し出しているにすぎないからです。では、なぜ優しくしないでおこうと決めているかといえば、優しくすれば負けることになると思っているからなのです。

彼や彼女の方に非があって、彼〔女〕がそれについて一言も謝らないのに、彼〔女〕を許せば自分が負けになる、彼〔女〕は優しくしてくれないのに、どうして自分だけ優しくしないといけないのかというようなことですが、負けてもいいではありませんか。

それなのに「ありがとう」といいたいのに、素直になれず、喧嘩まで売ってしまいます。喧嘩の理由は何でもいいのです。実際、喧嘩をし始めると、売り言葉に買い言葉になってしまい、最初は何かきっかけがあったかもしれないのに、それが何であったかすらわからなくなってしまいます。

こんな二人は他の仕方では自分たちがつながっているという感覚を持てないと思っているように見えます。

息子が五歳だったある日、私が何かのことで妻に大きな声を出したことがありました。その時、近くにいた息子がいいました。

「そんなに怒ったら、お母さんはお父さんのことを好きになってくれると思ってるんか。好きでなかったらどうするっていうの」

喧嘩がそこで終わったことはいうまでもありません。

せっかく一緒にいるのですから、天気がよければ、外に散歩に出かけてみましょう。付き合っていた頃は、今日は二人でどうやって遊ぼうかということばかり考えていたのではありませんか。付き合う前は、どうしたら好きなあの人に振り向いてもらえるかということばかり考えていたはずです。たびたび口論をする今振り返れば、あの頃は夢のようです。しかし、今、知り合った頃のことを思い出し、その時のようにふるまっていけない理由はありません。その時のように言葉を交わしてみるのです。ぎこちない言葉のやりとりになりそうですが、それでもいいではありませんか。

自分をよく見せない

最初の頃は、一生懸命自分をよく見せようとしていたかもしれません。ここで考えてほしいのは、もちろん、親しい仲だからといって喧嘩をしたり、あるいは、喧嘩をしないまでも、ぞんざいな言葉遣いをしたり、そのような態度を取っていると、関係が長く続くことは期待できませんが、他方、いつも自分をよく見せなければならないと思っていると、そのこと自体は関係をよくすることに役立ちますが、関係を長続きさせることにはならないかもしれないということです。

関係を惰性として続けるという意味ではなく、この人の前では自分をよく見せようと思わなくてもいいと思えることが、二人の関係をよくするために大切なことです。他の人の前では自分をよく見せようと思い、そのために格別の努力をしなければならないのに、この人の前では普通にしていてもいいのだと思えることが、二人の関係を長続きさせるために必要です。その意味では、恋愛の初期の段階では、自分をよく見せようとするので無理が起きることがあります。

目の前にいる人と付き合おう

さて、長く付き合っていると、二人の間に問題が起こってくることはあります。相手が自分ではない他の誰かに関心を移すというようなことです。

それでも、その人との関係を続けたいのであれば、今、目の前にいる彼や彼女と付き合うという決心をするしかありません。相手がどちらを選ぶかは、彼や彼女が決めることで、こちらが決めることはできません。

三角形をイメージしてください（女性のケースを例に説明します）。あなたが関わることができるのは、あなたと彼の関係、もしも彼の目下、好きな人を知っていれば、あなたとその彼との関係だけであって、彼と彼女との関係はどうすることもできないのです。あなたとの接点がないからです。

実際には、彼女のことを直接は知らないことが多いでしょうし、彼女に会って、私は彼が好きです、彼と別れてくださいということは実際問題としてはできませんから、あなたができることは、彼と彼女との関係にはかかわりなく、あなたが彼との関係をどうしたいのか、関係を続けたいのであれば、それを実現するためにはどうすればいいのかを考えることしかありません。二人が付き合っていて、他の人には会ったりすることはもちろん、話もしてはいけないという取り決めをしていることになっているのであればかなわないことですが、「入る余地」が少しでもあって、彼が彼女といる時よりもあなたの前にいる時の方が気を許せたり、楽にしていられると感じることができれば、あなたの好きな人はあなたを選んでくれるかもしれません。これが出発点です。

ですから、相手の他の人との関係にはかかわりなく、相手との関係をよくする努力をするしかないわけです。先に見たように、愛を強制することはできません。「私だけを見て」とすごんでみても、かいはありません。あなたが怖いからあなたのところにいるというのでは、そのような関係がうまくいかなくなるのは時間の問題でしょう。

そのような人は、今ここで一緒にいるのに、その大切な時をふいにしているのです。二人の間に別の人がいるかのようです。

第一章で早期回想を見た男性のように、実際にはライバルがいなくても、そんなライバルをいつも二人の間において、現実には存在しないライバルに敵愾心を燃え上がらせて嫉妬するという妙なことになってしまうこともあります。

今この人と一緒にいられるのであれば、そんな現実の、あるいは仮想のライバルのことを考えずに、目の前にいるこの人との関係をよくする努力をすればいいのです。今、ここにはいない人のことを二人でいる時に話題に出されたり、その人の方を私よりも好きなのでしょうと責められた人は、愛されているという気がしないでしょう。

集中力

もちろん、多くの関係は仮想的であれ現実的であれライバルが二人の間にいるということはありません。その場合でも、フロムの表現でいうと、「集中力」が必要です。

「集中するとは、いまここで、全身で現在を生きることである」（フロム『愛するということ』）

フロムは、「いうまでもなく、いちばん集中力を身につけなければならないのは、愛しあっている者たちだ」（フロム、前掲書）といいます。先に見たように、一緒にいられるのに、他の人や事に関心を奪われていては、たしかに集中していないといわなければなりません。

この集中力は、一人でいる時にも必要です。

「集中できるということは、一人きりでいられるということであり、一人でいられるようになることとは、愛することができるようになるための一つの必須条件である」（フロム、前掲書）

一人ではいられない、離れていたら不安になるというのは、「依存」関係であり、自立した愛の関係ではありません。実際には、一人きりでいることは容易ではないと思う人も多いでしょう。フロムもいってるのですが、一人でいるとそわそわとし落ち着かなくなったり、不安を覚えたりするのです。

一人でも過ごすことができる、一人でいても不安にはならない。そんな人だけが二人でいる時を楽しむことができるのです。二人でいる時には、一人でいる時のように、今、ここに集中できるからです。

タメの時間とはじける時間

俵万智は、恋愛において「会いたいなあ」とか「今、どうしているかなあ」といった思いをつのらせる「タメの時間」が必要である、それにプラス、実際に会ったり電話をしたりという「はじける」時間とがあって、二つの時間のめりはりが、恋を生き生きさせるのだといっています（俵万智『あなたと読む恋の歌百首』）。

俵はポケベル（若い人は知らないかもしれません）を引き合いに出しているのですが、今なら携帯電話は、そのようなめりはりをなくしてしまうものだろう、というのですが、本当にそうなのかは考えてみなければなりません。いつも相手を身近に感じ、相手の行動を把握してしまうと、想像力が働く余地がなくなるという友人の意見を俵は「なるほど」と同意しています。

鷲田清一は「携帯電話ほど人間の幻想というか、イマジネーションを破壊しているものは、ほか想像にないんじゃないかと思うんです」といっています（鷲田清一『くじけそうな時の臨床哲学クリニック』）。理由は俵とほぼ同じです。リアルタイムに連絡がつくから、「待つ」ということがない。想像が起こる余地すらありません。

「心のふくらみ、縮みがなくなって、相手への思いもフラットになってしまっている」（鷲田清一、前掲書）

本人ではなくて親が出た時に何といおうかと心配することもなく（これも若い人は経験したことがないことかもしれません）、かければ必ず本人が出るという安心感も緊迫感を減らすということがあるかもしれません。

しかし、携帯電話であっても、すぐに何のためらいもなくかけられるというわけではありません。携帯電話を使っていても、想像は膨らみます。電話ではなく、メールを使う人が多いのは、携帯電話が普及しても、そう簡単に相手の生活を中断できないという遠慮があるからでしょう。互いに相手の生活に割って入らないですむメールは便利です。

しかし、常に携帯でのメールのやりとりをしているからといって、会わなくてもいいとは誰も思わないでしょう。メールや電話でも意思疎通は可能ですが、実際に会うことの代わりにはなりません。相手から得られる情報量は、会っている時の方が、電話やメールよりも圧倒的に多いのです。

実際に会っていれば、たとえ、何も話をしない時間があっても、充たされた時間を過ごすことができますが、電話では一瞬の沈黙も気まずく感じられることがあります。そうなることを回避するために、たくさん話してしまいます。電話でも、実際に会った時でも、今日はよく話をした、と思った日は、相手はうんざりしているかもしれません。話し足りなかったかなというくらいがちょうどいいかもしれません。

俵がいう「「タメの時間」から「はじける時間」へと移りゆく瞬間」はどんな時代にもなくなることはありません。会えないことや待つことは、愛する二人には障害になりえますが、だからこそ、会う時の喜びはひとしおのものになるのです。ただ、つらいものではありません。

嫉妬しない

どんな時、自分は愛されていると思えるかということを考えてみれば、どうすれば愛されるかがわかります。なんとしても相手を自分のもとに引きとめておきたいと考える人には思いもよらないことでしょうが、相手に自由にさせてもらっていると思える時にもっとも愛されていると思えるのです。

反対に、自由にさせてもらえていない、常に監視されていると思う時は、愛されているとは思えません。信頼されていないと思うからです。男性に決していわせてはいけない言葉があるという話を学生によくします。「お前は俺のことを信じられないのか」という言葉です。このような言葉を男性がいう時には、女性が疑うだけの事実があることが多いのですが、そこを突かれると否定したくなる男性は多いでしょう。

これはアドラーのいい方では「劣等感」であって、そこに触れられると、当たっているだけに余計に躍起になって否定しようとするのです。そのような反応があれば、自分の疑いが当たっていたことがわかります。そのことが明らかになることは、女性にとってもあまり嬉しいことではないでしょうが、攻撃的になってみても、相手はいよいよ自分から離れていくことになります。

対人関係における信頼というのは、信じる根拠がある時にだけ信じるのとは違って、無条件で信じる、あるいは、信じる根拠がない時にこそ信じるということです。アドラー心理学では無条件に信じることを「信頼」といい、信じる根拠がある時にだけ信じるという意味の「信用」を区別しています。「あなたのことを信じていたのに」という人は、初めから信じてはいなかったのです。どんな時にもいささかも疑うことなく信じる人がいれば、その人のことを裏切り続けることはできません。

ですから、愛されたいと思うのであれば、どんな形であれ愛を強制することは、かえって相手を自分から遠ざけることになります。

その意味で嫉妬することは得策ではありません。なぜなら、嫉妬する人は何とかして相手の関心を自分にだけ向けさせ、少しでも他の人に関心があるそぶりをするだけでも、そのことに怒るからです。

自由であると感じられる時

講義の時に話すと学生から「無理」と一蹴されてしまうのですが、自分が好きな人が好きな人と一緒にいて幸せであれば、そのことを喜べるのが愛なのです。アドラーは「自分自身よりも愛するパートナーの幸福により関心があること」が大切だといっています（Stone et al. eds., *Adler Speaks*）。

「ラストダンスは私に」という歌があります。あなた好きな人と踊ってらっしゃい、でもラストダンスは私にとっておいてほしいという歌です。つなぎとめないと相手が逃げると思っている人は自信がない人であり、相手を縛りつけようとすることがかえって相手を自分から遠ざけることになることを知っていなければなりません。

森有正はこんなことをいっています。

「愛は自由を求めるが、自由は必然的にその危機を深める」（森有正『砂漠に向かって』）

相手に縛られることなく自由でいられる時、そんなふうに感じることを許してくれる人の愛を強く感じます。だから、私も同じようにしようと思います。束縛や拘束、支配はかえって愛を損なうのです。

ところが自由でいられることは、双方にとっていえることですが、目が相手ではなく他者に向くことを可能にします。相手が、また自分が、他の人を愛するようになるかもしれないのです。そういう事態をも受け入れられるだけの度量があれば、相手が新しい愛を喜んでいるのであれば、そのことに喜びを感じられるでしょう。実際には難しいと思う人は多いでしょう。

親しき仲にも礼儀あり、ではないが

付き合い始めた頃は、自分の言動に気をつけていた人でもやがて言葉遣いがぞんざいになったり、わがままなことをいったり、したりするようになることがあります。

付き合い始めた最初の頃は、わがままもかわいく見えたり、相手のわがままに応えることを喜びに感じる人もあるかもしれませんが、やがてそのことを当然と思うようになれば、愛想を尽かされるようになるのは時間の問題です。

喧嘩をするカップルもあって、一方が、時には双方が、相手に手まで出したりするということがあります。こんな二人が仲直りする術も心得えていれば、喧嘩を頻繁にしていても、その喧嘩が二人の関係を修復不可能なものにはしないのでしょう。しかし、喧嘩をしている時に使われる怒りという感情は、人と人とを引き離す感情（disjunctive feeling）である、とアドラーはいっています。自分に怒りをぶつける人のことを好きになるというようなことがあるとは思いません。望遠鏡を反対側から覗く時のように、近くにいるはずの人が遠ざかっていってしまいます。手まで出るということもありますが、暴力（以外の何ものでしょう？）が愛の鞭であるというのは、そのような行為に及ぶ人の自己正当化でしかありません。手が出なくても、怒りの感情を伴って、ひどい言葉を投げかけることも同じです。怒りの感情を愛用するカップルは、そのことで関係が終わることになるという可能性があるということは知っておく必要があります。

いつか電車の中で高校生のカップルがこんな話をしていました。

「お前は付き合った最初の頃はおとなしかったよなあ。なのに、今や俺は完全に尻に敷かれている」

「私がわがままだからよ。でも自分がわがままだということがわかっているからいいの」

いいか、悪いかは、彼が決めることでしょう。自分がわがままだということがわかっているのはいいのですが、わがままであることが二人の関係をどうするかまではわかっていないように私には見えました。付き合い始めた最初の頃のような猫をかぶった状態もどうかと思いますが、親しくなると最初は言葉遣いにも態度にも気をつけていたのに、いつもの自分になってしまい、無理なことをいったり、すねたり、怒ったりします。いつまでもそんなわがままを相手が許してくれるという保証は残念ながらありません。

知り合って長くなれば最初の頃の気持ちを忘れてしまいがちです。しかし、慣れてはいけないと思います。いつも、この人と今日初めて会うという気持ちを失わないでいられるでしょうか。

基本的には感情的になる必要はまったくないのですが、もしも相手の言動によって腹が立ったというようなことがあれば、そのことを言葉で伝えることは可能です。「今のあなたのいい方はすごく腹が立った」とか「傷ついた」といえばいいのです。そのことを伝えるために、感情を込める必要などないのです。

カウンセリングでは、感情的になる人の方が多いので、感情を使わない主張の仕方を学んでもらうことが多いのですが、時に、「私は決して感情的にならない」という人がいます。実際には、このようにいう人は、非常に感情的といっていいかもしれません。感情的になってはいけないという自分への縛りがかえって感情にとらわせることになるからです。

その感情を直接他の人にぶつけてみても、まわりの人にすれば、怒っていることはわかりますが、では一体何について怒っているのかわからないということになりかねません。ですから、何について怒っているかを言葉で伝える方が、まわりの人への行動を変えるためには有効です。

感情についての話の流れで一点、付け加えるならば、人前では機嫌がよく、愛想がいいのに、親しい人の前では不機嫌であるという人がいます。もちろん、このようなことが二人の関係をよくするためにいいとは思いませんが、自分の前では機嫌がよくないという人がいれば、この人は私の前では外でのような警戒心を持つことなく、気を許していると見ることもできます。自分の前で相手が不機嫌でいるということが、その人の近くにいることなのだ、と見るのです。いつも気を張っているというのは大変なことですから、自分の前では、気を弛められるのだと見れば、多少の不機嫌は大目に見ることができるかもしれません。

もちろん、彼や彼女と一緒にいる時に不機嫌になる人は、相手の好意に甘えてはいけません。外で仕事で人に会うのなら、もう一人分の時間とエネルギーをパートナーのために残しておくように心がければいいのです。

今ここで一緒にいよう

学生の頃、喫茶店に入って席に着いた途端にコミックを読み始める男女を見て驚いたことがあります。今なら、二人が共に携帯でメールのやりとりを、他の人とするということがあるでしょう。

アルマ・コーガンというイギリスのポップ歌手の歌う「ポケット・トランジスタ」の歌詞は「彼が毎晩会いにきてくれるのは、私のもっている小さなトランジスタ・ラジオで、ヒットパレードを聴くためなの」というものです。結局、二人は結婚して「年とっても一緒に音楽を聴いてようね」ということになります（村上春樹『村上ラヂオ』）。

トランジスタ・ラジオといってもピンとこない若い人が多いかもしれませんが、どこにでも持っていけるラジオを、まだ据え置き型の大きなラジオが一般的な時代、若い人は歓迎したでしょう。

彼が会いにきてくれるのは決してラジオを私が持っているからではなく、二人で時間を共有するためです。

付き合い始めた最初の頃はどんな話をしても、また何も話さなくても、ただ一緒にいられることが喜びだったはずです。その時の気持ちを取り戻すことができれば、いつまでも一緒にいることができます。

本当は何を話してもいいのですが、避けるのが望ましい話題がないわけではありません。前に付き合っていた人の話は特にする必要がないのであれば、話題にすることはありません。前に付き合っていた人の話をしたがる人がいますが、聞きたくなければその話はやめてほしいといえばいいのです。

それよりも、今の二人の話をしましょう。せっかく、「今ここ」にいられるのに、今ここにいないことはもったいないと思います。関係を長続きさせることすら考えなくていいくらいです。関係が長く続くことは目標ではなく結果です。これまであったいろいろなことや、これから先のことを考える必要もないくらい、今ここに二人が生きることができれば、きっとこれからも関係は続いていくでしょう。

付き合い始めたばかりの二人であれば、まだ知り合ってそれほど月日が経っていないかもしれませんが、過去のことをこと細かに覚えていて、あの時あなたはこういったというようなことを今持ち出すことは、二人の関係をよくしたいのであれば得策ではありません。

いつまでも過去に執着する人にはにわかには信じがたいことかもしれませんが、過ぎ去ったあれやこれやの出来事のことを忘れることができれば、あるいは、忘れることができる時にだけ、今ここに集中できます。

今日この人と私は初めて会うのだと思えるくらいに集中したいのです。前の日にいやなことをいわれたかもしれません。しかし、今日も同じことを、今、目の前にいるこの人がいったりするとは限りません。そう思って、その人と初めて会う人のようにその日を始めるのです。

人は常に変わることができます。目の前にいる人は、昨日と同じ人ではないかもしれません。この人は昨日とは違う人かもしれないと思って接しなければ、相手が変わっていても気づかないでしょう。その変化は本人も気づかないかもしれません。しかし、こちらが注意していれば気づくことができます。

今日この人と初めて会うのだと思えるようになれば、二人がいる時間は生きたものになります。今日は昨日の繰り返しではなく、明日は今日の延長ではありません。今日初めてこの人との関係が始まると思って付き合い始めるといろいろな発見があります。

毎日会うように思うなど大げさなことだと思う人もあるかもしれませんが、関係をよくするためにそう思うのです。自分では何もしないのに関係がよくなるということはありません。たとえ、相手が何もしなくても、自分は関係をよくする努力をすることはできます。たしかに、努力が必要ですが、その努力は喜びとしての努力なのです。

今ここに生きることができれば、指の間からどんどん共に過ごしたことが消え去っていくわけではありません。むしろ、その日の最初から別れる時までの二人の会話をもしもその気になれば後からすべて思い出せるくらい一刻一刻を集中して過ごせているはずです。こんなふうにその日のことが思い出せるのは、共に過ごせた時間が喜びを伴ったものだからです。

病気や怪我で日常の生活がふいに送れなくなることがあります。そんな時は、ただ一緒にいられるということが喜びに感じられます。病気にはもちろんなりたくないですが、実際に何か特別なことがなくても、一緒にいられる人でも、一緒にいられることを当たり前のことと思わないことは、二人の関係をよくするためには必要なことだと思います。

遠距離恋愛

いろいろな事情で、遠距離恋愛をしている人は多いでしょう。最初は、遠く離れていても、電話やメールはもちろん、実際に会う努力をしますが、互いに仕事が忙しいと、最初の頃と違って、会うのも間遠になってきます。会った時にも久しぶりの逢瀬を喜ぶというよりも、いつか一緒に住みたいという話ばかりになり、しかし、現実には、なかなか、同居に踏み切れません。どちらかが今の仕事を辞めなければならないというような場合は特にそうなります。

遠距離恋愛は難しいといわれます。普通のカップルのように、会いたい時にいつでも会えないからというわけですが、二人の関係がうまくいかなくなったとすれば、本当は二人が離れて暮らしているいることがそのことの原因ではありません。二人は「遠距離」を関係がうまくいかない時の理由にしているだけなのです。

遠距離だから二人がうまくいかないといえることは、ある意味では、二人にとってありがたいことです。なぜなら、もしもその後二人をとりまく状況が変わって、二人がもはや離れて暮らす理由がなくなれば、関係がうまくいかなくなった時、遠距離をそのことの理由にすることはできなくなるからです。

遠距離であろうとなかろうと、会える時はその時を楽しみ、次のことを考えないということが大切です。別れる時間が近づくとそわそわし、別れる時間が近づくとそれまではしゃいでいたのに暗く沈んでしまう人があります。そんな態度を取ってせっかくの時間をふいにするのはもったいないと思います。

別れてから、次に会う約束をしていなかったことに気づくくらいがいいのです。満ち足りた時間を過ごし、完全燃焼できたからこそ、次に会う約束を忘れるのです。そんなふうに過ごせた二人には、「次」を求める必要がないので、結果として「次」はありえます。次を考えないでいいほど、会っている時にいい関係でいられたからです。

ところが、不完全燃焼で終わった二人は、その日の不充足感を取り戻そうと思います。約束をしないで別れてしまったらもう二度と会えないとまで思い込んで、次に会う約束を取り付けようと思うのですが、このような二人には「次」はないかもしれません。

恋愛に限りませんが、二人の関係を考える時に、私たちはこれからどこへ行こうとしているのかについて意見が一致していることが必要です。学生時代に知り合って付き合っているカップルは、卒業するまでは何の問題がなくても、一人が地元に残って仕事をするといい、もう一人が故郷に戻るといいだした時、これからどうするかを決めなければなりません。遠距離恋愛は一つの解決法ではありますが、一緒に住むことまで考えに入れるのなら、二人が離れたままでいる状態をいつまでも続けていくことは、実際問題としては難しいでしょう。

二人がこれからどうするかという目標が一致しているということが、二人の関係がよいといえるための一つの条件になります。このことについては、後でもう一度考えてみます。どんなに愛し合っている二人も、人生を共にすること、一緒に住むことを考えるのであれば、これからどうするかという目標が一致していないと関係を続けることは難しくなりますが、乗り越えるべきこの困難は、二人の絆を強めこそすれ、弱めることはありません。

別れる時

恋愛について書く時に、別れについて書くことがふさわしいのか迷ってしまいますが、生涯唯一度しか恋愛しないという人は少ないでしょうし、次の恋愛に向けて、別れの経験をどう乗り切るかは考えておいていいでしょう。

taperという英語があります。これは、細い小さなろうそくのことで、動詞としては、「先細りにする」とか「次第に減らす」というような意味になります。服用している薬をいきなりやめるわけにはいかないことがあります。やめた途端に強い副作用が出ることがあるからです。そのような場合、taperしないといけません。taperはこのような使い方をする言葉です。つまり、量を減らす、あるいは投薬の回数を減らすなどして、少しずつ服用する薬の量を減らし、やがては離脱するのです。

失恋した場合も、あるいは、何らかの仕方で愛する人と別れることを余儀なくされる時も、上手にtaperしていかないと、なかなか立ち直れません。

この人とはもはや一緒にはいられないという時でも、もしもカウンセリングに二人が相談にこられたら、一度は関係をよくする努力をしてもらいます。アドラーは、個人心理学のトレーニングを受けたカウンセラーは、「離婚するべきです」とはいわない、といっています（『個人心理学講義』）。離婚しても、そして離婚後、再婚してみても、以前と同じライフスタイルを続ける限り、同じ誤りを繰り返すことになります。

ですから、アドラーは、結婚や恋愛関係に成功の可能性があるのかどうかをカウンセリングで問えるということを強調し、離婚するとしても、実際に離婚に踏み切る前にカウンセリングを受けられる、といっています（『個人心理学講義』）。

その上で、いよいよこの人とはやっていけないと思って別れるとしても、その前に二人の関係を再建する努力をして損はありません。

どうすれば関係を再建できるかということについては、ここまで書いてきましたから、ここでは上手な tapering の方法について書いてみます。

別れる時に感情に頼らないということです。なぜこの人とは付き合っていけないかという理由を明確に説明することはできません。人は変わらないのに、その人の資質が以前は好ましく思えていたのに、いつの頃からか、耐えがたいものに思えるようになります。この変化の根底にあるのは、この人と別れようという決心です。この決心を変えれば、再び関係を始めることは可能ですが、あれやこれやの関係再建の努力をしてもうまくいかないかもしれません。

感情に頼らないというのは、先にも書いたことですが、何かのことで腹が立った時に、例えば、これ見よがしに大きな音を立ててドアを閉める必要はないように、別れる決心をしたのであれば、その決心を後押しするために、相手を嫌ったり、恨んだりすることはないということです。

もう後少し時間が経てば、かさぶたが剥がれるような状態にあるわけですから、それを無理矢理引き離すようなことをすれば、血が噴き出し、傷はいよいよ深くなってしまいます。

すぐに別れるという決心をしなくていいのであれば、しばらくの間まったく会わない、もちろん、一切連絡をしない期間を設けることを勧めることがあります。会ったり、連絡をしている限り、本当に相手のことが好きなのかわからないからです。例えば、二ヶ月、まったく連絡を取らないで、二ヶ月経った時、それでもなお会ってみたい、話したいと思えるのであれば、関係を再建する方向に向けて努力してもいいでしょう。たとえ喧嘩をして、もう会わないと決めていても、メールを出したり、電話をしたりすれば、会いたくなります。しかし、会うとまた同じことでもめてしまいます。長く会わないと意外に平気かもしれません。このような冷却期間が必要なことがあります。

第四章　結　婚

不幸の始まりかもしれない

結婚は始まりであって、ゴールではありません。多くの小説や映画、テレビドラマは、男女が結婚するところで終わりますが、結婚は、ハッピー・エンドどころか、不幸の始まりかもしれないのです。アドラーは次のようにいっています。

「愛と結婚を理想的な状態、あるいは、物語のハッピーエンドと見なすのは間違いである。彼〔女〕らの関係の可能性が始まるのは、二人が結婚した時である」（『人生の意味の心理学』）

結婚した時点では二人の関係は「可能性」でしかありません。つまり、結婚を幸福なものにするか、それとも不幸なものにするかは、結婚後の二人の努力にかかっているのです。

街を歩く男女を見たら、二人が結婚しているかそうでないかわかる、といった人がいます。結婚しているカップルは幸せそうに見えないからであるというのです。男性がえらそぶっていることもあれば、女性が買物を男性に持たせて闊歩しているということもあります。このような二人は結婚すれば幸せになれると思っていたのに、こんなはずではなかった、と考えているかもしれません。

恋愛の場合と同様、幸い相手が見つかって結婚しても、結婚してからの方が難しいのです。恋愛がイベントであるとすれば、結婚は生活だからです。さしあたって一緒に暮らすということは考えずに付き合えた時とは違って、結婚し二人で生活するということになると、楽しいことばかりではありません。

結婚する前に二人で旅行することは楽しいことですが、その時は、上げ膳据え膳であり、まだ生活は始まっていません。つまり、何から何まで他の人にやってもらえ、自分たちでは何もしないでじっとしていたら、食事は出てきますし、食事の後、食器を洗う必要もありません。

しかし、結婚後は、二人で協力しなければ、じっとすわっていたら食事はできませんし、後片付けもしなければなりません。これがイベントと生活との違いです。

結婚への準備

子どもたちは、親の生活を見て、結婚がどんなものであるかという印象を得るので、大きくなってから、子ども時代に見ていた親の破綻した結婚によって影響され、自分たちもまた親と同じように不幸な結婚生活を送ることになることがあります。

「しかし」とアドラーはいいます。

「われわれは既に人は環境によって決定されるのではなく、環境の解釈によって決定されることを学んできた」（『人生の意味の心理学』）

それゆえ、不幸な家庭生活を経験しても、このことが自分自身の結婚生活をよりよくする刺激となり、結婚によりよく準備をする努力をするかもしれないのです。

カップルが結婚に準備ができているかどうかを知るために、ドイツでは、次のようなことが行われている、とアドラーが報告しています（『個人心理学講義』『人生の意味の心理学』）。結婚式の前に、新郎新婦が木が切り倒された空き地へと連れてこられます。そこで、取っ手がついた二人用ののこぎりが渡され、それぞれが一方を持ち、親戚一同がまわりで見守るなか、木の切り株を切るのです。

もしも相手を信頼していなければ、互いに逆らって引っ張り合うだけということになり、他方、一人がリードし、一人で何もかもしてしまおうとすれば、二人でする時の倍の時間がかかることになります。そのようなことにならないためには、相手に関心を持って、二人が共にイニシアティブを取り、相手の動きに合わせて力を加減しなければなりません。二人が結婚に適しているかは、二人がどのようにこの作業に取り組むかを見ればわかります。

しかし、二人でのこぎりを引くのは結婚式の当日ですから、もしも、この時になって、この人とは結婚してもうまくやっていけないとわかったらどうするのだろう、と思ってしまいます。

本当は、結婚に準備ができていないことは、このような特別のテストをしなくてもわかります。先に引いた、眼鏡を落とした時の男性の態度のような日常的な場面で二人がどんな行動をするかということからもわかります。

アドラーは、「適当な理由もなく、デートに遅れる恋人を信じてはならない」といっています（『個人心理学講義』）。これは、他の人生の課題と同様、課題を前にしての「ためらいの態度」を表しています。好きな人と付き合うことに何らためらいがなければ、デートに遅れないでしょう。

さらには、相手を待たせることを何とも思わない人というのは、自分のことには関心があっても、他者には関心がない人だということもできます。本当に相手のことを考えていれば、「適当な理由もなく」デートに遅れるはずはないからです。

フロムは次のようなことをいっています。

「もしある女性が花を好きだといっても、彼女が花に水をやることを忘れるのを見てしまったら、私たちは花にたいする彼女の『愛』を信じることはできないだろう。愛とは、愛する者の生命と成長を積極的に気にかけることである。この積極的な配慮のないところに愛はない」（フロム『生きるということ』）

要は自分のことしか考えていない人は、他者のことを気にかけないのです。

ためらいということでいえば、理想の結婚相手を探しているが、いつまでも理想の人に会えないという人は、たしかに、事実、理想（何を理想というのかは措いておくとしても）の人がまわりにいないということがあるかもしれませんが、アドラーなら、愛や結婚の課題を前にためらっている、というでしょう。

結婚したら子どもが生まれるからといって、結婚することをためらう人もあります。初めからそのことを避けるために、結婚しない決心をすることもあるでしょう。結婚してからも甘やかされた子どもの役割を演じたい人は、生まれた子どもが自分に代わって、注目の中心になり、それまで自分に向けられていた注目がなくなるかもしれない、と考えています。

出産によって不格好になることを怖れることもあれば、出産、育児の苦労を思い、そのために「女だけが不利な目にあう」ことを回避しようとする人もあります。出産そのものを男性が代わるわけにはいきませんが、育児は男性が協力できますから、女性だけが育児に伴う苦労を引き受けなければならないわけではありません。「女だけが」というふうに考える人は、予想される困難のゆえに結婚を怖れるわけではなく、最初から結婚することを回避する理由を探し出している、と考えることができます。

二人が共に子どもを重荷であると見なし、自分たちのために使いたい時間を子どもに奪われると考えるということもあります。このような場合、子どもの誕生は歓迎されません。

甘やかされた子どもは結婚すると「大いなる専制君主」になるかもしれません（『人生の意味の

心理学』）。当然、もう一人のパートナーは、相手が結婚後、変身するのを見て、罠にはめられたと感じ、反発、反抗します。

他方、生まれてくる子どもをペットのように思い、ただ自分の楽しみのために子どもを生みたいという人もあります。そのような自己中心的な考えを持っている人は、結婚に準備できていないといえます。

また、友達がいなかったり、友達とうまく交わらない人、仕事を選ぶのが遅い人も、結婚への準備ができていません。仕事について個人的なことをいえば、結婚する時、大学院生だった私は仕事に就いていなかったので、アドラーによれば、結婚の準備ができていなかったということになるかもしれません。

しかし、アドラーは、経済的に安定していることが結婚に準備ができていることであるといっているわけではありません。たとえ実際には、経済的には安定していなくても、二人が努力していこうとする姿勢が重要で、宝くじに当たれば結婚できるのにというふうに、ただ幸運を待っているというのであれば、結婚に準備ができているとはいえないだろう、と私は考えています。このように、結婚の課題は、他の課題と独立しているわけではないのです。

親が結婚に反対しても

結婚するかしないかは、また結婚するのであれば誰と結婚するかは、いうまでもないことだと思うのですが、子どもが決めることです。ところが、結婚しなければ早く結婚するようにといい、結婚するといいだせば反対する人がいます。必ずいる、といっていいくらいです。

あることの結末が最終的に誰に降りかかるか、あるいは、誰が最終的に責任を引き受けなければならないかを考えた時、そのあることが誰の課題かがわかります。例えば、勉強をすることは、自分の課題であって、他の人の課題ではありません。

結婚も、同様に、二人の課題ですから、他の誰が反対しようと、二人が自分たちの結婚について責任を引き受けるしかありません。およそあらゆる対人関係のトラブルは、人の課題にいわば土足で踏み込むこと、踏み込まれることから起こります。

結婚に親が反対しても、それに従うことはありません。たとえ、親が怒っても、結婚する二人が自分たちの選択に責任を取りさえすればいいのです。親の怒りは親が自分で何とかしなければならないのであって、子どもが何とかできるものではありませんし、できません。

親が子どもの結婚に反対することに私は驚かないわけにいきません。親が子どもの人生に責任が取れるとは思わないのです。たとえ、結婚後の生活がうまくいかなくなったとしても、結婚した二人がどうするかを考えていけばいいのであって、親が考えることではありません。結婚前に、親が干渉し反対する結婚が、実際には、二人に幸福をもたらすことはもちろんあります。それなのに、親が結婚に反対し、二人が結婚を断念するとすれば、その責任は重いものになります。親が子どもの人生をふいにする責任を負えるはずはありません。

ですから、私は親が子どもの結婚で相談にこられたら、「子どもの人生なのだから諦めましょう。あなたが彼と結婚するわけではないのですから」といいます。

親の反対を押し切って結婚したにもかかわらず、その後、親の予想どおり、二人がうまくいかなくなっても、親に負けたくないと思った子どもは、不幸な結婚生活を続けることになるかもしれません。家に戻ってきた子どもに「ほら、私〔たち〕がいっていたとおりになったでしょう」というようなことは、いってはいけないのです。

結婚してその後どうなるかは誰にもわかりませんが、結局は、若い二人が結婚するのであれば、親が反対することには何の意味もありません。後々付き合っていかないといけないのに、結婚前に反対すれば、親についての印象は決定的に悪いものにならないわけにいきません。

私は結婚する時は、大学院生だったので、当然、定職についていませんでしたから、相手の親に反対されました。「いつまで娘を働かせるつもりですか」とたずねられ、大いに驚きました。私が妻を働かせるわけではありませんし、妻は自分の意志で働いていたからです。

結婚を親に反対されている人がカウンセリングにこられるのなら、彼や彼女と結婚し、かつ、親を怒らせない、あるいは、悲しませないという選択肢はないといいます。「ない」というのはいいいすぎなのかもしれません。粘り強く説得すれば、親もわかってくれることはあるでしょう。しかし、親が反対しようがしまいが、子どもの課題ですから、親を説得することではなく、二人の関係をよくする努力することにこそエネルギーを費やすべきです。

ところが、親が「そんな結婚をするとはなんて親不孝」といって感情的になるのを見た子どもが、思いがけず（私にとって、ということですが）、彼〔女〕か親のどちらかしか選べないという選択肢を前にして、「それなら親」と親を取るという展開になって驚くこともあります。そのような決断をする子どもの目的は明らかです。自分の決断に責任を持たないということです。一体、誰の人生を生きようというのでしょうか。親の人生を生きてもいいのであれば止めはしませんが、自分の人生を生きるというのであれば、その後、結婚生活がうまくいこうがいくまいが、責任をすべて自分で引き受けるしかありません。そのような覚悟がなければ結婚してはいけません。

ここでは結婚の問題を例に書きましたが、一般に、人の課題に踏み込まないということは、幸福に生きるために忘れてはいけないことです。対人関係のトラブルは、いわば土足で人の課題に踏み込んだり、踏み込まれたりする時に起こります。ですから、援助を依頼されなければ、人の課題に踏み込まないことが安全です。

もしも自分の課題ではないことについて、もしもどうしても援助、協力したいと思うのであれば、「何か私にできることがありますか」というふうにいい、「何もない」といわれたら、多くの場合、静観するのが賢明です。

家族の雰囲気

家族の雰囲気というのは、ルールの決め方のルールです。例えば、次の休みにどこに行くかという話になった時に、誰がどのように決めるということです。父親か母親があるところへ行こうと宣言したら、他の家族はそれに従うのか、子どもも含めて家族の全員が平等の一票の権利を持っていて、話し合いをしてどこに行くかを決められるのかでは、家族の雰囲気はかなり違います。

この家族の雰囲気は無意識に身につけられたので、結婚の際に問題になることがあります。子どもたちと妻をどこかに連れて行ってやったといっていた男性は、おそらくは父親も同じようにしていたのでしょう。つまり、父親がどこに行くかを決め、他の家族はそれに従っていたのです。それ以外の方法があるとは思いもよらなかったのでしょう。女性の方も同じような家庭で育ったのであれば、男性の態度を不審に思わなかったことでしょう。

結婚するというのは、別々の家庭で生まれ育った二人が新しい家庭を築くことです。その際、夫か妻が育った家庭の雰囲気のどちらかに合わせるよりも、話し合って新しい雰囲気を形成する努力をする方が望ましい、と私は考えています。

家族の雰囲気と並んで、家族価値と呼ばれるものがあります。こちらは、家族においてどういうことが価値あることとされているかということです。例えば、学歴が大切であるというのが家族価値です。それは家族によって違います。今の時代、学歴ではなく、生活力、生き抜く力こそ大切だと考える人もいます。

同じ価値感を両親が共有していれば、その価値感は家族において強力なものになります。また父親と母親が異なった価値観を持っており、絶えず、それをめぐって論争をしているような場合も、家族価値は強力なものになります。子どもは父親か母親かどちらかの価値感を選ぶか、あるいは、両親のいずれの価値観とも違う第三の価値観を選ぶかを決定することを迫られるからです。

反対に、家族価値があまり強くならないのは、父親か母親かどちらか一人だけがある価値が重要であるといっているのに、もう一人があまり関心がなく、それをめぐって話し合いがされるというようなことがないという場合です。

子ども中心の家庭にしない

結婚して子どもが生まれると、相手のことを「お父さん」「おかあさん」と呼び始める夫婦は多いですが、これは明らかに子どもを介して、つまり子どもの観点から相手を呼んでいるのです。このような呼び方が間違っているとはいいませんが、子どもが家庭の中心になっていくことを象徴する夫婦の変化といえるでしょう。

子どもを育てるためには夫婦の協力が欠かせませんが、家庭が子どもを中心にめぐり始めると、そのことによる問題が起こることがあります。その一つは、母親と子どもとが緊密に結びつくために、父親が家庭の中で孤立してしまうことです。

子どもが生まれても、子どもではなく、夫婦の関係が家庭の軸になるよう努力するのがいいでしょう。そうすれば、いつまでも結婚当初の気持ちを維持することは可能です。

具体的には、誰かに子どもを預かってもらうなどして、子どもを連れないで、二人でいる時間を持つのです。その際、子どもの話をしないことも大切です。店で、あの服はあの子に似合うねというようなことをいうなど、心理的に子どもを連れて行かないということも大切です。

要は、結婚する前、あるいは、結婚した最初の頃に戻るということです。結婚はイベントではなく、生活である、と先に書きましたが、時には、イベントは閉塞した結婚生活の突破口になることがあります。

コミュニケーションとしてのセックス

先に、人間はもともと二人の人間が合わさっていたようであったのが、力を持ちすぎて神によって二つに分けられたというアリストパネスの話を紹介しましたが、自分のもう一つの半分を求めることを欲求し、本来の一体性を回復するためのものが愛であるというのがアリストパネスの説明です。「ベターハーフ」（better half）というようないい方が今日もされるのは、このアリストパネスの話がよく知られているからです。

この話を紹介した時に、その「ベターハーフ」を見つけ、一体性を回復すると、そのまま離れようとしないで寝食を忘れ、仕事もしないでそのまま死んでいくことがあることを見ました。これでは人類は滅びてしまいますから、ゼウスは工夫をしました。

それまでは背中の方についていた生殖器を、抱き合った時に直接触れ合う面へと持ってくることにしたのです。つまり、それまでは、子どもを生むための行為は、人間同士で行うのではなく、地面の中にしていたのを、生殖器の場所を変えることで、二人が抱き合う時に子どもが生まれるということになり、男性も結合の満足感を持てるようになり、そのために抱き合っている状態を中断でき、他の仕事ができるようになったというのです。

このアリストパネスの神話（ミュートス）によれば、子どもを生むことにつながる結びつきは、男女同士の結びつきだけです。そのこととは関係のない結びつきもあるわけです。

今日、男女間であっても、子どもを生むためにだけセックスをするということはないでしょう。では何のためかといえば、端的にいえば、コミュニケーションのためです。しかも、この親密なコミュニケーションにおいては、二人の対人関係のあり方が他のどの場面におけるよりもはっきりと現れます。

孤独である人は、おそらくセックスによっても孤独であることから免れることはないでしょう。セックスが二人の関係を深化することはなく、もともとの二人の関係がよくなければ、セックスの場面においてだけ、関係がよくなるはずもなく、それどころかより明確に二人の関係が困難であることを露わにするのです。

そこで、二人が協力することができなければ、セックスにおいて満足を得ることは決してできません。それは行為の場面だけではなく、例えば（家庭によって違いますが）夫が仕事から帰宅した際「ただいま」といい、妻が「おかえり」というところから既に始まっているのです。親密なコミュニケーションは、しかし、その後の行為に先行するものとして意味があるのではなく、それ自体がセックスそのものである、といっていいのです。

結婚した当初から子どもがいる時

子ども中心の家庭にしないということと関連していうと、結婚した最初から子どもがいる、あるいは、子どもが生まれることが決まっているという場合があります。このこと自体には何も問題はありませんが、子どもが早くからいれば、そうでない結婚の場合とは違って、子どもが生まれる前に二人で解決する必要がある問題が後回しになる可能性があります。

また、子どもが学校に行かないというようなことが起こった場合も同じです。問題が解決するまでは夫婦の問題が棚上げにされ、それにもかかわらず、あるいはそのために、夫婦の結束が強まるということもあります。問題は、問題が解決した後、二人だけになって相手に向き合うことになった時、どう接していいかわからないということが起こりうるということです。

別離について

前の章でも、別れるという経験をどう乗り切るかということについて書きましたが、離婚を決意することになった時のことについても書いてみます。

いつか仲間が集まる場所にいったところ、男女が抱擁している場面を見ました。誰もその光景に格別の注意を払っていないので不審に思って、友人にたずねてみたところ、二人は最近離婚したばかりなのだという答えが返ってきました。その友人は、「夫婦としてはもはや一緒に暮らせなくなったけれども、その後、友人として付き合っていくことはできる」というのです。

もちろん、二人が別れる決心をするに至るまでには何度も話し合いもし、安直に結論に達したわけではなかったでしょうが、同じ屋根の下に暮らすことが困難になるということはたしかにあります。

別れる時に、怒りや憎しみは必要ではありません。そのような感情は、別れる決心をいわば後押しするために必要なので創り出されるのです。しかし、平和裡に別れていけないわけはありません。

ことに子どもがいる場合、子どもに「あのお父さんはひどい人よ」というようなことを吹き込むことは賢明ではないでしょう。離婚は夫婦の課題ですから、たとえ子どもが親の離婚を望まないとしても、子どもの思いを優先させる必要はありません。

しかし、住むところが変わるとか、姓が変わるというような迷惑が子どもに降りかかることは事実なので、子どもにも相談をする必要はあります。離婚後も、子どもにとっては、別れた父親と母親だけが親なのであり、その親と子どもとの関係を離婚後、悪くしていいとは思わないのです。

離婚後、母親と子どもだけで暮らすことになった場合、気をつけたいことがあります。両親の考えが常に一致している必要はありません。子どもは親が考えが違う時にどんなふうに調整しているかを見ることから学びます。ところが離婚後は、そういう場面を見ることができなくなるわけですから、何かについて決める時には努めて子どもと話し合うことが必要です。

第五章　よい対人関係とは

恋愛も結婚も基本は二人の対人関係がよいということが前提です。これまで見てきたことを振り返りながら、二人の関係が「よい」といえるためには、どんな条件が必要かを考えてみましょう。

相互尊敬

ここで「相互」という言葉を使いましたが、それの辞書的な意味とは違って「私が先」という意味です。尊敬は、尊重とは違って、対等の関係を前提とします。相手に相手を重んじる理由がある時だけに尊ぶのは、尊重ではあっても、尊敬ではありません。尊敬の場合は、相手に条件をつけません。

respect の語源はラテン語の respicio です（re- 再び、spicio 見る)。「再び見る」「振り返る」という意味です。何を振り返るのか。「この人は私にとってかけがえのない人だ」「今は私はこの人とこうして一緒に生きているが、いつまでも一緒にいられるわけではない。やがていつか何らかの意味で別れる日がくるかもしれない。だから、その日までは、毎日を大切にして、仲良く生きていこう」というようなことを日々振り返るということです。

この世には、後になってしかわからないことがあまりに多すぎると思うのですが、こんなふうに別れることになるのなら、喧嘩などしないで一緒に過ごす時間を大切にすべきだった、と後悔することがあります。後悔することがないように、日々、この人と共に生き、仲良く暮らしていこうと不断に想起していくことを「尊敬」といいます。

フロムは、尊敬とは相手のありのままの姿を見て、その人が唯一無二の存在であることを知る能力のことである、といっています（フロム『愛するということ』）。「愛する人が、私のためにではなく、その人自身のために、その人なりのやり方で、成長していってほしいと願う」といっているのは、先に見ましたが、アドラーが「自分自身よりも愛するパートナーの幸福により関心があること」が大切だといっているのと同じです。自分自身の幸福にしか関心がない人であれば、愛する人が自分の思うような仕方でなければ相手が「成長」することを認めることができません。相手を「私の自由になるような一個の対象」（フロム、前掲書）にしてはいけないのです。愛する人であっても、他の人は自分の期待を満たすために生きているわけではありません。

問題があろうが、病気であろうが、私の理想とは違おうが、私の大事なこの人と思って付き合おうと、日々決心することを「尊敬」といい、この意味での尊敬をまず私が先に相手についてするということなのです。

最初、出会った時は互いに若くても、長く付き合い、結婚生活も長く続くと、互いに老いていくことになります。このようなことは若い人には想像もできないことかもしれませんが、誰もが例外なく容色は衰えるわけですから、そのような外的なことを条件に結婚した人には、結婚生活がつらいものになるということはありえます。

老化でなくても、いつなんどき病気によって身体が動かなくなったり、若くても、自分や相手が誰かすらわからなくなるということもありえます。

はたして、そのように相手が変わってしまっても、なお愛することができるかということは、考えておく必要があると思います。尊敬は、今見たように、今も、これからも、ありのままを受け入れることが出発点です。

相互信頼

これも、相互という言葉を使いましたが、私が先に信頼するということです。信頼については、既に見ました。「信頼」は「信用」とは違って無条件です。信じる根拠がなくても信じるということです。目下起こっていることや、これから起こることについて未知なことがある時、その知られていないことを主観的に補完することです。

例えば、いつも勉強ができ、どんな試験でもいい成績を取れることが確実な子どもについて、次もいい成績を取れるに違いないと信じるのは、信頼とはいえないということです。次もきっといい成績を取れることが確実だと思える子どもであっても、本当は次の機会にはどうなるかはわからないのですが、信じることを可能にするような過去のデータがなくても信じることが信頼です。直接の知識、あるいは、信じる根拠がある時にだけ信じるのは、信頼ではありません。

ですから、次は頑張るという子ども（「明日からダイエットする」でもいいのですが）を信じることこそ信頼です。もちろん、これは容易なことではありませんが、どんな時も信頼する人を裏切ることは難しいことです。「そんな人だと思ってなかった」という人は、初めからその人のことを信じてなかったのです。

この信頼には二つのことがあります。まず、相手には課題解決能力がある、と信じることです。これはできないだろうと決めてかからないということです。愛する二人が力を合わせ、課題を解決していく姿は美しいですが、たとえ一緒に生きていても、一人でしかできないこともあるはずです。ちょうど、子どもがすることのすべてに親が手出し、口出しをすれば、そのような親のことを子どもは煩わしいと思うように、相手の課題に絶えず介入すれば煩わしく思われることでしょう。

尊敬について書いた時に病気のことを書きましたが、相手が病気になった時、闘病する姿を見ることはつらいものです。しかし、だからといって、その人の人生を代わりに生きることはできません。できることは、相手が病気と向き合うという課題を解決する力があると信頼することです。たとえ、その病気が不治のものであっても、自分の運命を受け入れ、それを乗り越えていく力があるということを信頼したいのです。もちろん、そのような過酷な運命にとらわれた時、本人が大いに動揺することはあります。その場合も、同じように取り乱していては、力になることはできないのです。

信頼するということのもう一つは、相手の言動には必ず「よい意図」があると信じることです。これも容易なことではありませんが、もしも相手との関係をよくしようと思うのであれば、まず自分が先に、相手の言動によい意図を見つけるという努力をすることが必要です。

恋愛の事例ではありませんが、父が長らく横浜で一人暮らしをした後、地元に帰ってくるということになりました。父は以前そうしていたように私と同居するつもりでいると思っていたところ、思いがけず、妹の家の近くに住むといいました。実のところ、私は父がそのような決心をしたことの意図を誤って解釈していたことに、父が高齢になり介護を必要とする時になって、初めて父から聞かされわかったのでした。私は、そして、実際、父も自分でいっていたのですが、常は一人で暮らすけれども、夕食は妹の家族と一緒にしたいということだろうと思っていたのでした。

それも事実だったわけですが、ある日、父は、妹の家の近くに住むことに決めたのは、当時、しばしば病気で具合の悪くなる妹（父からいえば娘）のために、「私が近くにいてやらないといけない」

と思ったからというのです。その後、父は妹と関係がよくないということを私に訴えるようになっていたので、意外な思いがしました。もしも父がこのことをはっきりといっていれば、関係は違ったふうになったかもしれません。

よい意図というのはわかりにくいものです。他の人は自分の言動の意図をはっきりと、こちらがわかるようにいってくれるわけではありません。だからこそ、関係をよくしたいのであれば、言動の表面的なところにとらわれることなく、努めてよい意図を見つけ出す必要があります。

他方、自分の言動については誤解されることがないように、言葉を尽くして話すことが大切です。どんなに言葉を尽くしてみても誤解する人はいますが、少なくとも自分は誤解の余地が極力少なくなるよう努力をしたいのです。

協力作業

二人が直面する問題は、二人で協力して解決するということです。容易には解決できない難題に直面することは、二人が付き合い始めたり、結婚すれば必ず起こります。そんな時に、難題を解決できればいいのですが、たとえできなくても、解決に向けて協力できるのであれば、二人の関係はよいといえるのです。

結婚を親から反対された時にどうすればいいかということについて書いた時に、課題を分離するということ、対人関係のトラブルは、他の人の課題にいわば土足で踏み込んだり、踏み込まれることから起こるということを見ましたが、たしかに原則としては、人の課題に介入しないことが安全です。

とはいえ、人は一人で生きていくことはできませんから、自分ができることであれば自分で解決していかなければなりませんが、自分の力だけでは何ともならないことはあります。そのようなことについては、他の人から援助を受ける必要がありますし、反対に、他の人が助力を必要としているように見える場面では、力になりたいのです。

ただし、協力を申し出る場合は、必要な手続きを踏まなければなりません。もしもこの手続きを踏まなければ、関係をこじらせてしまうことになります。たとえ親しい関係であっても同じです。「何か私にできることある?」というようにたずねるといいでしょう。そのようにたずねても「ない」といわれるかもしれないのですが。

ともあれ、誰の課題かがはっきりしていないままに、人の課題に介入することがないように、まず誰の課題かをはっきりすることから始めるのであって、課題を分離することが最終目標ではありません。誰の課題かをはっきりさせた上で、協力して生きていくことが目標なのです。

恋愛や結婚生活において私たちが出会う問題はどれも難しいものです。とりわけ、結婚すると、相手との関係だけではなく、親や親戚との付き合いも回避することはできません。子どもが生まれると、子育てが大変なものであることに驚くことになります。

そんな時でも、また、たとえ解決が困難であっても、二人が直面する問題の解決に向けて手を携えているということ自体が、二人の関係をよくするために必要なことです。

目標の一致

若い人たちには人生の岐路がたくさん待ち受けています。その都度、これからどうするのかという決断を迫られます。例えば、二人が大学生である間はいいのですが、卒業後、相手との今後の生活をどうするかは、どこで仕事をするのか、どこに住むのかというようなことを考えないで決めることはできません。この人と共に歩む人生は私の野心を捨てるのに値するのか、相手のことをどんなに愛していても譲れない生き方がある、彼や彼女でなくても、他にも私の人生のパートナーにふさわしい人がいるのではないか……。

大きな決断を前に、離れて生きることになるなど考えてもみなかったのに、一体これからどうなるのだろう、そんな思いが二人の関係に影を落とすことになります。

若い人で年収が高く、かつ家族も大切にする人がいいという人がいます。思うに、これは、相手についての両立しない期待です。なぜなら、年収が高いような人は家に早く帰ってくるはずはありませんし、家族を大切にし、夕食を家族と共にできるような人は、会社などで昇進することは望めません。

もちろん、これは一般的なことを書いたので、年収が多く昇進も早く、それでいながら、早く帰宅できる人もいないわけではないでしょうが、もしも両立しない期待や理想を相手に求めているというのであれば、何を結婚生活の目標として優先するかという話し合いをする必要があるでしょう。

関係を始めるのは簡単です。ちょうどカウンセリングの場合は、カウンセラーが相談にこられた人に「今日はどんなことでこられましたか」といえば、誰でもカウンセリングを始めることはできますが、カウンセリングを終えるのは容易なことではありません。これで終わり、と納得してもらえなければ、見捨てられたと思う人もあります。

恋愛の場合は、終わる必要はないのですが、いつでも別れられるように、最初は蝶々結びにしておいたのに、関係がこじれるといつのまにか固結びになり、鋏やナイフを使わなければ切れないようなことになってしまうことがあります。

もちろん、そのようなものを使って切れば、血も出てくることでしょう。そんなことにならないためには、二人でこれからどうするのかという目標について一致しておくことが必要です。一度決めればいいというわけではなく、二人を取り巻く状況の変化と共に目標を確認、必要があれば修正するといいでしょう。

どんな対人関係においても、先の三点がクリアできていても、これからどうしようと思っているかという目標が二人の間で一致していなければ、二人の関係をよくすることは難しいでしょう。

愛と結婚の目標

この目標は、二人で合意できていればいいのですが、アドラーは、愛と結婚は社会的な課題であり、自分の幸福のためにだけ結婚するのではない、といっています（『個人心理学講義』）。間接的には、社会の益となるように結婚するのであり、「結婚は人類のためになされる」（前掲書）「よい結婚は、将来の世代を育てるためにわれわれが持っている最善の手段である」（『人生の意味の心理学』）というのです。

これはいかにもたいそうな目標のように聞こえるかもしれませんが、例えば、働くことについては、一生懸命働くことで、お金を稼ぐだけでいいのかよく考えてみなければなりません。お金を得られる仕事をすることを通して、何かの形で自分が生きていく社会に貢献できればこそ、働きがいがあるように思います。

結婚も、これと同じように、ただ自分たちの幸福のためにだけするものではなく、社会の、さらには人類のためにするものである、とアドラーがいっていることは、それほど唐突なことではない、と私は思います。

プラトンの『饗宴』にあるアリストパネスの話を見ましたが、もしもアリストパネスがいうように、失われた全体性を取り戻すことが愛の本質であるならば、自分の失われた半身を見つけ出し、それと一緒になれば、それで自己完結することになってしまいます。そうなると、二人はただ抱きあっていれば満足なので、そこから先へは進まないことになってしまいます。

ソクラテスは、不死と不滅を求めることを根本にした、美しきものにおける生産に愛の本質を見ています。アドラーは、もっぱら結婚の目的を、将来の世代を育てる、つまりは子どもを生み育てることに見ていますが、プラトンは、優れた精神の中に不死なる真理を産むこと（教育）に見ています。

レゾナンス

人を支配するわけではなく、かといって、自分をなくして人に合わせるのではなく、もちろん、自分と他者は無関係であると考えるのではなく、自分はこの自分のままでいながら、他者と関わることはできないものでしょうか。

森有正はこんなふうに書いています。

「リールケの名は私の中の隠れた部分にレゾナンスを引き起こし、自分が本当に望んでいるものは何であるか、また自分がどんなに遠くそれから離れているかを同時に、また紛らわせようもなく、明確に、感得させてくれる」（森有正『旅の空の下で』）

ここで、森は、リルケの自分への影響の与え方が共鳴（レゾナンス、私の内部の共鳴）であることを語っていますが、対人関係のあり方へのヒントになります。即ち、支配、被支配関係ではなく、二人が完全に自立したままで、相手の中に共鳴を引き起こすのです。

先に、「相互依存状態」（interdependence）という言葉を使いました。その際にも注意したように、これはいわゆる共依存ということではなく、それぞれは精神的には自立しているのですが、存在のレベルでは完結しているのではなく、自分が完成するためには他者を必要とし、自分もまた他者を支えるということであると説明しました。

他者を必要とする仕方、他者を支えるという時に、二人はそれぞれ自立しているけれども、不完全なところは共鳴によって他者を完成し、かつ他者によって完成されると見ることができます。かくて、たとえ常に一緒にいなくても、また遠く離れていても（それは空間的だけではなく、時間的にも）影響を及ぼし合うことができます。

新しい恋が始まると読む本が変わり、聴く音楽が変わる……そんな経験をしたことに思い当たる人も多いのではないでしょうか。だからこそ、自分とは違うタイプの人と付き合うと、自分の世界が広くなるように思えるのです。先に見たザロメがリルケに与えた影響は、レゾナンスそのものといえます。

恋愛の例ではありませんが、若くして亡くなった母が晩年に読んでいたテオドール・シュトルムの『みずうみ』(*Immensee*)という本のことが気になり、読み返してみました。私からドイツ語の文法を学んですぐ、母はこの本を読み始めました。読み進みながら、一体、母はこの本のどこに引かれたのだろう、と思って読むのは、心躍る経験でした。アドラーが共同体感覚を定義して、「他者の心で感じる」といったのは、こういう経験を指しているのかもしれません。母はもはやこの世にはいませんが、母が四半世紀以上も前に読んだ時に感じたことが、今の私に共鳴してくる思いがしました。

永遠、今ここに

誰かと恋愛関係に入ると、時間について、さらには生きるということについて、それ以前とは違った見方をするようになります。この愛はいつまで続くのか、と考えない人はないでしょう。それは二人の愛が今後どうなるかということについて不安であるということもあるでしょうが、いい関係でいれば、いつまでも今のこの幸福が続いてほしいと願うでしょう。

ところが、時間もまた愛について見たように、フロムに従えば「持つ」ことはできないのです。時間はただ今ここで(here and now, hic et nunc)経験されるだけなのです。過去はもはやなく、未来もまだ現前していません。時は「持つ」ではなく「ある」様式の中でのみ経験されます。

幸福な二人が願う永遠は、無限に引き伸ばされた時間ではありません。フロムが適切に表現している言葉を借りると次のようです。

「愛すること、喜び、真理を把握することの経験は時間の中に起こるのではなく、今ここ（here and now）で起こる。今ここは永遠である。すなわち、無時間性（時を超越すること、timelessness）である」（**Fromm, *To Have or to Be?***）

例えば、ダンスをする時、踊ることそれ自体に意味があるのであって、ダンスをすることで、どこかに到着しようと思う人はないでしょう。踊ったことの結果として、どこかに到着するかもしれませんが、どこかに到着することを目的にダンスをする人はありません。

愛の経験は、ダンスをする時の喜びに似ています。いつまでもずっとダンスを続けることはできません。しかし、ダンスをしているまさにその時は、いつまでこのダンスは続くかというようなことすら意識に昇りません。

アリストテレスは、ダンスのような動きのことを「エネルゲイア」（現実活動態）と呼んでいます（アリストテレス『形而上学』）。普通の動き（キーネーシス）には、始点と終点があって、終点に着くまでの動きは、まだ終点に達していないという未完成で不完全です。

これに対して、エネルゲイアにおいては「なしつつある」ことが、そのまま「なしてしまった」ことです。エネルゲイアとしての動きは、常に完全なのです。生きるということも、エネルゲイアです。あまり深く考えることなく、生まれ時を始点、死ぬ時を終点と考え、今、そのように直線として理解された人生のどこに今自分はいるかという想像をしてしまいます。若い人にたずねたら、まだまだ折り返し点の前の方にいるという答えが返ってきます。しかし、誰も自分の運命がこれからどうなるか知らないのですから、ひょっとしたらもうとっくに折り返し点をすぎてしまっているかもしれないのです。

しかし、これはあくまでも人生を始点と終点がある運動（キーネーシス）ととらえた時の見方であって、エネルゲイアと見れば、人生の「どこ」にいるかということは問題になりません。人生はいつも完成しているわけですから、若い人が亡くなった時によく使われる「道半ば」というような表現すら意味をなさないことになります。

愛の経験もエネルゲイアです。始めと中間と終わりというようなものがあるわけではなく、愛のいずれの段階も完全なものです。その今ここに、無時間性（timelessness）の中で起こる、この愛の経験は、いつまで続くかというようなことは少しも問題にならないのです。

愛の経験によって、時間の延長ではない、無時間性としての永遠の中に生きることができるようになった二人は、人生についても違ったふうに見ることができるようになります。人間はいつか死ななければなりません。その死は私たちの幸福を脅かすものとして現れます。死が怖いのは、それがどういうものか、生きている限りは誰も経験できないからです。しかし、今、自分が愛する人と時間の延長ではない、無時間性の中で起こる愛の中に生きることができれば、死がどんなものであるかは問題ではなくなります。「今ここ」において充たされて生きることだけが重要だからです。それこそが二人が邂逅したことの意味です。

誰もが一人で死んでいかなければならないという意味で、死は絶対の孤独です。森有正が「死が絶対の孤独であるとすると、生の中からはじまるこの孤独は死の予兆である」（森有正『流れのほとりにて』）といっています。しかし、この生における愛の経験はこの孤独に抗うものであり、その意味で愛の経験は、永遠の予兆、それどころか、永遠そのものといっていいでしょう。

参考文献

Adler, Alfred. *Co-operation Between the Sexes,* eds.by Ansbacher H.L. and Ansbacher R.R., Norton, 1978.

Buber, Martin. *Ich und Du,* Verlag Lambert Schneider, 1977.

Freud, Sigmund. *Das Unbehagen in der Kultur,* Fischer Taschenbuch Verlag, 1994.

Burnet, J. ed. *Platonis Opera,* 5 vols., Oxford University Press, 1899-1906.

Fromm, Erich. *To Have or to Be?,* A Bantam Book, 1976.

Ross, W. D. (rec.) *Aristotles' Metaphysics,* Oxford University Press, 1948.

Stone, Mark and Drescher, Karen, eds., *Adler Speaks, The Lectures of Alfred Adler,* iUniverse, Inc., 2004.

アドラー、アルフレッド『生きる意味を求めて』岸見一郎訳、アルテ、二〇〇七年

アドラー、アルフレッド『教育困難な子どもたち』岸見一郎訳、アルテ、二〇〇八年

アドラー、アルフレッド『人間知の心理学』岸見一郎訳、アルテ、二〇〇八年
アドラー、アルフレッド『性格の心理学』岸見一郎訳、アルテ、二〇〇九年
アドラー、アルフレッド『人生の意味の心理学』岸見一郎訳、アルテ、二〇一一年
アドラー、アルフレッド『個人心理学の技術〈I〉伝記からライフスタイルを読み解く』岸見一郎訳、アルテ、二〇一一年
アドラー、アルフレッド『個人心理学の技術〈II〉子どもの心理を読み解く』岸見一郎訳、アルテ、二〇一二年
アドラー、アルフレッド『個人心理学講義――生きることの科学』岸見一郎訳、アルテ、二〇一二年
アドラー、アルフレッド『人はなぜ神経症になるのか』岸見一郎訳、アルテ、二〇一四年
江國香織、川上弘美他『LOVERS』祥伝社、二〇〇一年
太田雄三『喪失からの出発――神谷美恵子のこと』岩波書店、二〇〇一年
神谷美恵子『神谷美恵子日記』角川書店、二〇〇二年
神谷美恵子『生きがいについて』みすず書房、二〇〇四年
岸見一郎『アドラー心理学入門――よりよい人間関係のために』KKベストセラーズ、一九九九年
岸見一郎『不幸の心理　幸福の哲学――人はなぜ苦悩するのか』唯学書房、二〇〇三年

岸見一郎『アドラーに学ぶ——生きる勇気とは何か』アルテ、二〇〇八年
岸見一郎『高校生のための心理学入門』アルテ、二〇〇九年
岸見一郎『子育てのための心理学入門』アルテ、二〇一〇年
岸見一郎『アドラー心理学　シンプルな幸福論』KKベストセラーズ、二〇一〇年
岸見一郎『アドラー　人生を生き抜く心理学』NHK出版、二〇一〇年
岸見一郎『困った時のアドラー心理学』中央公論新社、二〇一〇年
クリシュナムルティ、J.『子供たちとの対話——考えてごらん』藤仲孝司訳、平河出版社、一九九二年
ゲイ、ピーター『フロイト〈2〉』みすず書房、二〇〇四年
サガン、フランソワーズ『ブラームスはお好き』朝吹登水子訳、新潮社、一九六一年
田中美知太郎『プラトン「饗宴」への招待』筑摩書房、一九七一年
谷村志穂「キャメルのコートを私に」『LOVERS——恋愛アンソロジー』祥伝社、二〇〇三年
俵万智『あなたと読む恋の歌百首』朝日新聞社、二〇〇一年
辻邦生、水村美苗『手紙、栞を添えて』朝日新聞社、二〇〇一年
フロム、エーリッヒ『愛するということ』鈴木晶訳、紀伊國屋書店、一九九一年
フロム、エーリッヒ『生きるということ』佐野哲郎訳、紀伊國屋書店、一九七七年

ペータース、ハインツ・フレデリック『ルー・サロメ　愛と生涯』筑摩書房、一九八五年
保坂和志『カンバセイション・ピース』新潮社、二〇〇六年
ミンコフスキー、E.『生きられる時間〈1〉現象学的・精神病理学的研究』中江育生、清水誠訳、みすず書房、一九七二年
村上春樹『村上ラヂオ』マガジンハウス、二〇〇一年
森有正『森有正全集１　バビロンの流れのほとりにて』筑摩書房、一九七八年
森有正『森有正全集２　砂漠に向かって』筑摩書房、一九七八年
森有正『森有正全集３　旅の空の下で』筑摩書房、一九七八年
八木誠一『ほんとうの生き方を求めて——共存のフロント構造』講談社、一九八五年
リルケ、ライナー・マリア『フィレンツェだより』森有正訳、筑摩書房、一九七〇年
鷲田清一『くじけそうな時の臨床哲学クリニック』筑摩書房、二〇一一年
鷲田清一『「聴く」ことの力——臨床哲学試論』ＴＢＳブリタニカ、一九九九年
『聖書』新共同訳、一九七八年

あとがき

本書でも引いたプラトンには、死について論じた『パイドン』という対話篇がある一方で、愛（エロース）を論じた『饗宴』や『パイドロス』という対話篇があります。近年、私は、病気や死を扱った本を書いてきましたが、本書は生きることや愛することに焦点を当てたものです。

ある日、カウンセリングをしていた時、恋愛について夢中で微に入り細に入り話していました。私の言葉が途切れた時、相談にきていた青年が、私の沈黙をとらえて、すかさずいいました。

「ずいぶんと人生の修羅場をかいくぐってこられたのですね」

そうかもしれません。いや、違うかもしれません。恋愛について語ったり書くと、ちょうど短歌や俳句で詠まれていることはすべて作者の実体験だと見なされることがあります。基本的に「私」を主語として詠まれるからです。それと同じようなことが、恋愛について語る時に起こるのかもしれません。小説であれば、私小説でもない限り、そこに書かれていることはフィクションであると多くの読者は理解するでしょうが。

もっとも、いかにフィクションとはいえ、これはひょっとしたら作者の実体験ではないか、と思わせるほどの迫真の描写がされてなければ、小説としてはあまり優れているとはいえないというのも本当です。

作者の手を離れたら、作品がどう受け止められるかについては、もはや作者はどうすることもできませんが、私ではなく、私の語る言葉の方にこそ注目してもらえたらありがたいです。

本文で引いた精神科医の神谷美恵子は、日記に次のように書いています。

「体験からにじみ出た思想、生活と密着した思想、しかもその思想を結晶の形でとり出すこと」

本書ではアドラーや他にも多くの人の言葉を引きましたが、私自身の生活や思想から遊離したところで書いた愛についての研究書の類ではないことは強調しておきたいと思います。

本書に書いてあることを読むことで、読者の心の中に「共鳴」が起こればいいのですが。具体的な助言もたくさん書きましたので、参考になれば嬉しいです。

今回も本書が成るにあたって多くの力添えをいただきました。

とりわけ、本書は、京都聖カタリナ高校の看護専攻科の学生との対話から生まれたといっても過言ではありません。

あとがき

今回も出版の機会を与えてくださったアルテの市村敏明さんに感謝します。もう何年も前から恋愛をテーマに書くことを勧められていましたが、ようやく書き上げることができました。

二〇一二年六月六日

岸見　一郎

◆著者

岸見　一郎（きしみ　いちろう）

1956年、京都府生まれ。京都大学大学院文学研究科博士課程満期退学（西洋哲学史専攻）。専門はギリシア哲学、アドラー心理学。著書に『アドラーを読む』『アドラーに学ぶ』（ともにアルテ）、訳書にアルフレッド・アドラーの『個人心理学講義』『生きる意味を求めて』『人生の意味の心理学』『人間知の心理学』『性格の心理学』『人はなぜ神経症になるのか』『子どもの教育』『教育困難な子どもたち』『子どものライフスタイル』『個人心理学の技術Ⅰ・Ⅱ』『性格はいかに形成されるのか』『勇気はいかに回復されるのか』『恋愛はいかに成就されるのか』（以上アルテ）、エドワード・ホフマンの『アドラーの生涯』（金子書房）などがある。

アドラーに学ぶⅡ〈新装版〉——愛と結婚の諸相

2012年 8月25日　初　版第1刷発行
2024年10月25日　新装版第1刷発行

著　者　岸見　一郎
発行者　市村　敏明
発　行　株式会社　アルテ
〒170-0013　東京都豊島区東池袋2-62-8
BIGオフィスプラザ池袋11F
TEL.03(6868)6812　FAX.03(6730)1379
http://www.arte-book.com
発　売　株式会社　星雲社
（共同出版社・流通責任出版社）
〒112-0005　東京都文京区水道1-3-30
TEL.03(3868)3275　FAX.03(3868)6588
装　丁　Malpu Design（清水良洋＋佐野佳子）
印刷製本　シナノ書籍印刷株式会社

ISBN978-4-434-34566-1 C0011